当代经济学系列丛书
Contemporary Economics Series
陈昕 主编

当代经济学文库

从温饱陷阱到可持续发展

李华俊 著

格致出版社
上海三联书店
上海人民出版社

主编的话

上世纪80年代，为了全面地、系统地反映当代经济学的全貌及其进程，总结与挖掘当代经济学已有的和潜在的成果，展示当代经济学新的发展方向，我们决定出版"当代经济学系列丛书"。

"当代经济学系列丛书"是大型的、高层次的、综合性的经济学术理论丛书。它包括三个子系列：(1) 当代经济学文库；(2) 当代经济学译库；(3) 当代经济学教学参考书系。本丛书在学科领域方面，不仅着眼于各传统经济学科的新成果，更注重经济学前沿学科、边缘学科和综合学科的新成就；在选题的采择上，广泛联系海内外学者，努力开掘学术功力深厚、思想新颖独到、作品水平拔尖的著作。"文库"力求达到中国经济学界当前的最高水平；"译库"翻译当代经济学的名人名著；"教学参考书系"主要出版国内外著名高等院校最新的经济学通用教材。

20多年过去了，本丛书先后出版了200多种著作，在很大程度上推动了中国经济学的现代化和国际标准化。这主要体现在两个方面：一是从研究范围、研究内容、研究方法、分析技术等方面完成了中国经济学从传统向现代的转轨；二是培养了整整一代青年经济学人，如今他们大都成长为中国第一线的经济学家，活跃在国内外的学术舞台上。

为了进一步推动中国经济学的发展，我们将继续引进翻译出版国际上经济学的最新研究成果，加强中国经济学家与世界各国经济学家之间的交流；同时，我们更鼓励中国经济学家创建自己的理论体系，在自主的理论框架内消化和吸收世界上最优秀的理论成果，并把它放到中国经济改革发展的实践中进行筛选和检验，进而寻找属于中国的又面向未来世界的经济制度和经济理论，使中国经济学真正立足于世界经济学之林。

我们渴望经济学家支持我们的追求；我们和经济学家一起瞻望中国经济学的未来。

陈昕

2014 年 1 月 1 日

前 言

本书是基于案例调查的系列理论研究，用动态演化模型深入探讨我国农业的改造及其绩效问题。

自改革开放以来，中国广大农村地区迅速摆脱了“贫困陷阱”，步入温饱阶段。然而20世纪90年代后，农业改造的徘徊不前给我们带来了一系列的疑问。为什么农民不采用具有更高生产力和回报的新技术？为什么地方政府推广现代农业技术的努力，同样的模式在欠发达地区和发达地区却既有成功，也有失败的案例？通过建立农村合作组织实现农业集约化经营，一直被学者们所看好，但为什么我国的农村合作组织和其他国家相比，农民的参与率低而且稳定性差？

现有理论的研究主要集中在两个视角：产权学派强调制度的重要性，技术学派强调新技术的重要性。但前者往往忽视了不同经济发展阶段或不同产业特征下需求的多样性，后者难以理解为何农民在采纳新技术时往往观望不前。我们从经验观察中发现，农业发展是高度综合又不断演变的问题，必须注重当时的市场环境，具体问题具体分析，才能深入理解“温饱陷阱”的经济学机制，并为探讨农业改造绩效提供参考。本书重点分析了农业改造的三个问题：

第一，“温饱陷阱”成因的微观分析。我们注意到，在无法有效降低价格风险的情况下，农民对农产品面临真实价格与期望价格之间的较大落差，往往因规避损失而退回到传统农业，这可能是“温饱陷阱”的真实成因。本书的第3章通过对我国农产品宏观数据和微观的案例分析验证了模型的这一结论。

第二，我们从微观决策的宏观市场环境，来探讨现代农业的发展政策如何被农民所接受。我们对现代农业市场发展的历史观察，证实了斯密定理关于劳动分工受市场规模的限制的论点。地方政府注意到生产规模的重要，但是农民更关心市场销售的规模，因为这是收入波动的主要来源。我们在第4章用理论模型模拟了集中投资与分散投资的策略在人群中的接受率，以探讨不同规模经济的市场环境对人们选择的影响，希望以此给大家提供参考。

第三，我们通过对我国农村合作组织的成员互动结构与退出机制，来研究我国农村合作组织的稳定性问题。一般认为，中国农村合作经济组织的退出权是提高合作组织效率的重要保证。林毅夫运用囚徒困境证明了中国1959—1961年的饥荒与人民公社制度废除农民自由退出权有关。问题在于从囚徒困境博弈研究合作社，本身就假定了合作社必然会失败，因为囚徒困境中唯一的纳什均衡和演化稳定解就是低效率的，所有参与者均采取“不合作”策略的均衡。然而，合作社本身不一定只存在无效率的均衡，也可能存在有效率的均衡的可能性。日本农协、以色列农庄都是合作经济成功的典型。本书认为，基于家庭联产承包制之下的农户形成的合作经济组织是存在有效率的均衡的（当然同时也存在无效率的均衡）。具体合作经济会收敛到哪个均衡上，取决于合作社的合约结构、法律政策等条件。本章改用信任博弈模型，证明了农户享有的随意退出权是农村合作组织屡屡失败的主因。

简而言之，传统农业的改造在实践、政策和理论上，对我们提出了一系列的挑战。我们的研究从我国新农村试验的实践中提出问题，从微观、宏观和内部结构的不同层次做了动态演化的研究，对农业政策的改进做了一些探讨。我们的研究只是一个初步的尝试，能否形成统一的理论框架来分析农业改造的绩效问题，还有待于未来的发展和检验。

ABSTRACT

This dissertation is a series of theoretical studies on agriculture transformation, which are started from empirical investigation. After initial success in China's rural reform based on family contract system, China's agriculture is still remained in a so-called(middle level) "equilibrium trap" after climbing up from poverty. Government efforts in pushing modern technologies often have mixed results in China's practices. Current economic analysis mainly focused on institutional and technological perspectives that need more in-depth analysis of economic dynamics and evolutionary mechanism.

We observed that price forecasting error has asymmetric impacts on farmer's behavior under various market conditions. The gap between expected price and realized price may lead farmers to prefer loss-aversion choice rather than profit maximization. Macro data of price and output for different agri-products support our theoretical modeling. Then, we study the impact between market environment and micro choices. Theoretical simulation shows that the successful rate of big investment comparing to portfolio investment depends on the matching mechanism between technology productivity and market extent. This result sheds lights on government policy to improve market condition for technology advancement. Notable examples are developing marketing network and improving infrastructure. Finally, we discuss the relation between organization structure and system stability. We investigate three modes of internal interactions: global, local, and centralized interactions. They demonstrate different organizational functions and stability patterns.

Our three-dimensional perspective provides an in-depth analysis of agriculture transformation, including roles of price volatility, market extent, and internal structure. Our investigation offers valuable lessons to farmer's incentive mechanism, government agriculture policy, and financial innovation. Our observations confirm the theoretical insight of Smith theorem that division of labor is limited by the market extent. In developing modern agriculture, both scale economy in production and marketing is crucial in advancing new technologies and organizational development. We are developing a new comprehensive framework in understanding economic complexity and historical changes in agriculture development.

目　录

CONTENTS

1

引言

1.1 研究的背景

如何改造传统农业是欠发达国家面临的共同难题。虽然现代的发展经济学家已经将注意力从强调“城市工业增长对农业发展的关键贡献”转移到“如何将潜在的农业剩余转变成持续经济增长的可行源泉”这一问题上，①但是，目前还没有出现一个“新发展经济学”的清晰体系来支配经济发展理论和政策领域，就像凯恩斯宏观经济学曾经支配收入和就业理论那样（速水佑次郎、拉坦，2000）。尤其是对于农业部门

① 前者的理论以刘易斯等人提出的“二元经济”为代表，后者的理论以舒尔茨的传统农业改造研究为基础，这就意味着发展经济学家的研究方向已经从强调工业主导、农业为辅变成了寻求农业自身的可持续发展问题上。详细的文献综述在本书的第2章。

如何实现迅速提高生产率和产出增长这一问题，至今没有达成一致的意见，它涉及技术变革学派与制度变革学派的辩论。在思考技术变革与制度变革的关系问题时，速水佑次郎提出了一个非常重要的问题："通过什么过程，经济制度才能够使社会获得隐含在新技术潜力中的利益呢？"这也是本书研究中国农业改造的起点问题。

2005年，党的十六届五中全会明确提出了建设社会主义新农村的目标："生产发展、生活富裕、乡风文明、村容整洁、管理民主"。发展现代农业成为我国农民实现温饱后寻求经济发展的新尝试、新希望，也是我国学者和政府关注的热点。然而根据我在安徽凤阳三年多的亲身实践和对广西等一些欠发达地区的实地调查，为解决技术缺乏、人才缺乏和金融缺失甚至农产品的销售等问题，我们借用了地方政府、企业家、专家和大学生等多方面的力量，同时还尝试过土地流转和建立农村合作组织，当地的农业改造仍然进展缓慢。比如即使在优厚的技术、政策和金融支持下，凤阳小岗村原本被大家所看好的双孢菇产业还是在不到三年的时间内宣告流产。凤阳的赵庄村在企业家的带领下开展了一系列前途光明的"乡村再造"工程，在成功地完成最艰难的土地流转问题后，一方面规划规模经营，一方面积极解决剩余劳动力的就业问题，并计划未来收入归村民所有，一开始受到村民的热烈拥护和领导的大力支持，却最终难以为继。当然，这期间也有一些地区取得成功的案例。不过从整体看来，我国欠发达地区农业的发展状况始终不如人意，"按照现代农业的标准来衡量，它还没有积累到足够的综合生产能力，使其具备现代农业的特征"（蔡昉，2009），农业生产仍然停留在传统农业上，新技术的采用率很低。现有的经济学模型缺乏对以上问题的分析。

1.2 问题的提出

从"贫困陷阱"到"温饱陷阱"是学者们对近年来我国农业演化状况

的生动描述。三十年前我国的农村制度变革在短短的几年内就让农民跳出了“贫困陷阱”,①然而二十多年过去了,人们依旧在“温饱陷阱”里挣扎。关于中国农业和农村发展面临的诸多问题,本书试图从解答这一问题开始:为什么农民采纳新技术的动力不足?

在已有的文献中,学者们分别从技术层面、制度层面甚至文化层面做过详细的解释,比如资源配置效率低、信息不对称、风险规避甚至非理性,但这些理论解释“贫困陷阱”现象尚可,理解“温饱陷阱”的机制缺乏说服力。例如:当我们的调查中问及“是不是为确保口粮而种植粮食”时,人们普遍表示不担心粮食供应,只要有现钱,买粮食是很容易的事。他们种粮食是为了换取现金。②我们的问题是,既然不存在维持生计的问题,且大家都公认种植经济作物能带来更高的收入,那为什么中国欠发达地区的农民还是常常选择种植传统农作物如水稻小麦,而非经济作物如水果蔬菜等?

我们知道,发展往往是一个非均衡、多样化的演化问题,不同的发展阶段、不同的产品类型,其概率分布函数是不同的,那么选择的标准就会不一样。如果不进行细致的分类处理,就比较容易夸大某一因素的作用。本书试图在已有的确定性价格理论的基础上,深入考虑不同市场环境下的价格落差(预期价格与真实价格之差)的非对称响应,从而对观察到的现实案例和数据进行更细致的分析,以发现“温饱陷阱”现象背后的微观成因。

舒尔茨(1964,中译本 1987)曾指出,传统农业对现有技术状况的任何变动都有某种强大的内在抵抗力。新技术本身的高收益不能保证农民会自动接受,从事传统农业的农民很在意采用新技术所带来的风

① 当然,当时的技术变革如袁隆平的杂交水稻技术的推广和化肥的使用也起到了很大的作用。不过,制度变革——家庭联产承包责任制的实施才是破题的关键,这是学术界的一个共识。

② 来自高原 2009 年对鲁西北地区的调研报告《鲁西北的小农经济:一个微观的社会研究》。

险和不确定性对最终利润的影响。因为个体农户难以应对新的风险和不确定性,"合作"成为一种可以维持现有的联产承包责任制下的风险对抗选择。增强风险对抗能力通常有两种方式:寻求外部(地方政府或金融)支持与加强内部组织协调。

通过对比观察,我们发现我国地方政府在引领现代农业发展问题上,其农业改造绩效不只是与地域环境有关,政策的引导方向对现代农业发展的成败似乎起着更为重大的影响。为什么看似同样的资金与技术介入,会导致不一样的改造绩效?

其次,我们发现我国农村合作经济组织经过十几年的发展至今①依旧面临着"改组、解体过于频繁,稳定性差"的问题,农户的参与率也非常低,至今不到10%(日本农户几乎都是农协的一分子,美国农户的参与率也超过了80%)。什么原因导致了我国农村合作经济组织发展缓慢,解体频繁?

这是本书试图回答的三个主要的问题。

1.3 研究范围的界定

我们知道,传统农产品种类不多,耐储藏,而且全国各地区都可以生产和销售,价格也相差不大,不像经济作物那样,后者的生产和销售的波动风险要比前者大得多。这是本章研究的出发点。

地域范围:中国的欠发达地区。将问题集中于研究中国的欠发达地区而排除发达地区源于两个因素:(1)在中国发达地区的郊区等地,农民的兼业机会很多,工业的发展能够吸收农村的剩余劳动力,刘易斯

① 本书将我国农村合作经济发展的研究时间起点定为20世纪90年代中后期,因为我国的经济转型从那个时候开始,也是自那个时期以后农产品销售难等问题才日益突出。而在此之前的80年代的虽然也有合作,但它主要是以农业技术的合作与交流为主,本书不予过多的关注。

等人的二元经济理论更适合解释此类现象。(2)发达地区的郊区也是从事农产品大规模生产企业的首选,地方政府的介入也相应减少。欠发达地区既没有强大的工业基础也难以获得非政府机构的支持,研究这些地区的农业改造问题更具代表性。

发展阶段:小规模的混合型家庭农业。韦茨(Weitz,1971)将农业的演变过程分解为三个主要阶段。第一个阶段是维持生计型农业阶段,农民从事纯粹的、差不多仅能解决生计问题的传统农业。第二阶段是小规模的混合型家庭农业生产阶段,在这个阶段,主要农作物在农民的生产生活中所占比例逐渐降低,一些新型经济作物被尝试。要进一步过渡到第三阶段即现代化农业阶段(以商业企业为主),还存在诸多困难,它取决于其他许多中、短期问题能否得到解决。

新技术:这里指主要由农业科研、教育部门研发的,用于生产经济作物所需的"软"技术,既非传统生产所需的技术,也非道路、农机、水渠等"硬"公共品的相关技术。这种农业技术具有高度的地区特性,先进国家的技术难以直接转移到欠发达国家,发达地区的技术也难以转移到欠发达地区,它需要适应当地的自然环境,如气候、灌溉条件等。

1.4 资料说明与研究方法

本书获取资料的主要方式有亲自参与实践法、访谈法和历史文献法。为了尽量保证案例观察的真实性,本人于2006年6月始,在安徽省凤阳县挂职县长助理一职,亲自负责现代农业的创业事宜,做了三年半的跟踪调查,主要观察了12个村庄从启动到发展的大致过程,本书选取了其中有代表性的3个。对一些没参与过的细节问题,我采取了访谈的形式。凤阳县历年来的统计数据来源于凤阳县统计局,而其他微观的细节数据来源于调研记录。广西的案例来自实地调研。其他省份的数据和案例则来自文献。美国和日本的情况也是来自文献。

研究方法上，本书采用理论、案例与数据分析相结合的方式。理论模型上，本书选取了动态演化的分析方式：对于个体问题，选择随机动态演化模型；对于合作问题，选择了演化博弈模型。由于新古典的静态模型往往研究的是代表者如何达到均衡问题，而本书的研究涉及代表者如何突破均衡陷阱和群体在模仿与自由退出机制下的策略稳定性问题，动态演化模型正好满足了本书的建模需求。本书的案例和数据分析是对模型推论的验证。

1.5 本书框架与创新之处

更准确地说，本书是一项以我国欠发达地区农业改造为观察背景的系列性理论研究。

本书的第 2 章是对农业改造理论及其相应对策的全面回顾与评述。

第 3 章从"农民为何不选择现代农业技术"这一问题出发，解释了我国"温饱陷阱"现象长期存在的原因。与现有理论最大的不同是，一些理论模型把农业价格预先给定当作分析的前提，把优化解与实际现象之间的矛盾归结到农民保守落后、风险厌恶等因素上或者理解为制度原因造成的资源匹配问题，本书第 3 章通过修改这一前提，结合价格绝对量和价格波动变化量这两个因素对人们的影响进行建模。面对不同的市场环境，人们对价格波动的反应不一。故而我们发现一旦真实价格与期望价格之间出现较大落差而又没有长期有效的解决办法，农民容易产生损失厌恶心理退回到传统农业生产中，这可能是"温饱陷阱"的成因之一。本章还通过对我国农产品宏观数据和微观案例的分析验证了模型的相关结论。

第 4 章和第 5 章分别从外部支持与内部合作的角度，对第 3 章提出的问题进行了延伸研究。

在第4章中，我们观察到相对于地域差异而言，当地市场规模大小和地方政府对潜在市场规模的重视与支持对现代农业发展的成败似乎起着更为重大的影响。考虑到农业技术是一公共品的前提，本章以不同市场规模下集中投资与分散投资的竞争演化博弈为基础做了动态模拟。一方面是对观察到的现象做一理论描写，继续深入探讨第3章所强调的市场规模对农业发展的影响，另一方面希望通过模拟结果给地方政府和合作经济的参与者们以有益的启示：集中投资能否成功要考虑到投资的项目是只有本地市场的生存空间，还是有创造潜在市场的发展余地，实践中切忌只看到技术本身的规模效应就大干快上，而忘记了消费市场的规模限制。后面的案例分析是对模拟结果的一个验证与支持。

第5章针对我国农村合作经济的稳定性问题展开。将研究对象集中于因为公共品问题而结合的农村合作组织，本章试图通过分析合作经济组织的成员互动形式和合约结构来考察其存在与发展的必要条件，解释农业合作组织在中国的发展困难。本章基于一个协调博弈（信任博弈）模型，证明了对农户随意退出权的制度性保护是农村合作组织屡屡失败的主因。本章的创新之处在于，一般认为，中国农村合作经济组织的退出权是提高合作组织效率的重要保证。林毅夫于1990年在《政治经济学期刊》上发表了一篇重要文章，证明了中国1959—1961年的饥荒与人民公社制度废除农民自由退出权有关。他认为，在人民公社化运动的初期，农民享有自愿退出农业合作社（初级社、高级社）的权利，使得合作社必须和“单干”的农户竞争劳动力意愿，使得合作社保持了比较高的经济效率。但是废除了农民自由退出权以后，农户们之间的合作关系变成了一次性的囚徒博弈。在“辛勤工作”与“偷懒”两个选项之间，农户们都选择了“偷懒”，因而农业产量大幅度降低，加上自然灾害和政府其他的不当政策，造成了饥荒的发生。而困难时期的渡过，则在于允许农民保留“自留地”，或者默许某些地区实行包产到户，相当于给予农民部分的自由退出权。本书认为，合作社并不意味着只存在无效率的均衡，它可能存在有效率的均衡。林毅夫从囚徒困境博弈研究合作社，本身就假定了合作社必然会失败，因为囚徒困境中唯一的纳什均衡和演化稳定解就是低效率的，所有参与者均采取“不合作”策略的均衡。但基于家庭联产承包责任制之下的农户形成的合作经济组织是存在有效率的均衡的（当然同时也存在无效率的均衡）。具体合作经济会收敛到哪个均衡上，取决于合作社的合约结构、法律政策等条件。因此，本章采用了对称协调博弈中的一类信任博弈作为分析基础，以演化分析刻画合作社经济在不同均衡间跳转收敛的外部条件与过程。

第6章是对本书结论的一个总结，给出了政策建议，并提出了研究的不足之处和进一步的研究方向。

2

农业改造的理论研究与对策综述

不仅仅是中国农村的经济发展面临着如此多的局限与困境，经济发展到一定程度的时候，如何改造传统农业，甚至农业到底应该处于一个什么位置，这都是全世界各国共同的发展难题。在本章里，我们对农业改造的研究成果与改造方案作了一个系统的回顾。

技术变革和制度演化是影响农业改造绩效的两大因素。把它们作为外生变量还是内生变量来处理，与研究者们把农业当作一个静态的还是一个现代的动态部门来看待有关，不同的处理视角对应着不同的研究重点，也对应着不同的政策建议导向。

从农业改造研究的历史进程看，这个问题又与学者们如何看待农业与工业发展对国民经济增长的相对贡献密切相关。

在 20 世纪 50 年代，经济学家们强调工业增长对农业发展的关键贡献。根据西方国家的历史经验，他们认为农业在经济发展中扮演着被动和辅助性的角色。农业的首要作用就是为不断扩张的经济提供充足的廉价粮食和廉价劳动力,而工业部门则是经济发展总体战略的动力和“主导部门”,经济发展需要经济结构从以注重农业活动为主,迅速实现向复杂的现代工业和服务业活动为主的转型。然而,现代的发展经济学家已经开始意识到,在经济发展过程中,整个农村经济特别是农业部门,并不只是扮演被动和辅助的角色,而是应该在经济发展总体战略中起到不可或缺的作用,尤其是对于低收入的发展中国家来说更是如此。因为西方经济的发展是以迅速的农业技术进步、相对低的人口增长率和农产品需求对收入增长的下降反应为特征的。而发展中国家具有的基本特征却是静态的农业技术、因人口和收入增长而引起的对农产品需求的迅速增加,以及城市中心“病态的”增长。西方国家和机构对非西方经济体系(如亚洲、非洲和拉丁美洲)的发展援助并没有获得多大成功。

目前,还没有出现一个清晰的体系来支配农业经济的发展理论和政策领域。但是经济学家们的注意力已经转移到了对低收入国家的经济发展问题的研究上。本章的综述大体上按照研究时间的顺序展开。

2.1 农业改造的经济学分析

2.1-1 二元经济分析角度

工业化以前,小农经济普遍存在于世界各国和各地区。工业的蓬勃发展对人们的生活产生了根本性的影响。二战后,随着发展经济学的创立和拓展,人们把小农经济纳入了研究的视野,但大多数西方学者,尤其是发展经济学家们,都是把农业看作行将衰退的夕阳产业来研究的。刘易斯(Lewis, 1954)二元经济结构中描述的小农经济(也可以指传统农业)便是最典型的代表。

美国经济学家刘易斯(1954)在《劳动无限供给下的经济发展》

(*Economic Development with Unlimited Supplies of Labor*)一文中这样描述,所谓"二元经济",是指发展中国家的经济是由两个不同的经济部门组成。一是传统部门,主要是自给自足的农业及简单的、零星的商业和服务业。这里的劳动生产率很低,其边际劳动生产率接近于零甚至是负数(简称为"零值劳力"),存在着大量的隐性失业。这个部门容纳着发展中国家的绝大部分劳动力,非熟练劳动的工资极低。二是现代部门,包括采用较先进技术的工矿业、建筑业、近代的商业和服务业等。现代部门的从业人数较少,劳动生产率较高,工资水平也高于传统部门。从生产方式上看,传统部门经济是"维持生计"的产业,而现代部门是"使用再生产性资本"以谋取利润者,即资本主义产业。刘易斯关于二元经济的划分,高度地评价了工业对经济发展的价值,按照他的逻辑,经济发展的实质,就是工业部门的不断扩大和农业部门的不断萎缩。重工轻农的思想在20世纪50年代的国际经济学界颇为流行,当时的各种经济理论都从不同的角度强化了重工轻农的发展策略①(如Jorgenson, 1961, 1967; Ranis and Fei, 1961, 1964)。

这个理论的思想以亚当·斯密和李嘉图(David Ricardo)这些的古典理论和经济增长理论为基石。古典主义认为,资本积累是经济增长的基本源泉,由于无弹性的土地供给,增量劳动与资本的报酬递减是农

① 除刘易斯的二元经济论外,另一个比较有影响的观点是"剪刀差"理论:普雷比什和辛格尔两位经济学家认为,由于工农产品比价不合理,工农产品间的交换存在"剪刀差"。而在国际贸易中,发展中国家主要输出农产品,发达国家则输出工业品,这样发展中国家因输出农产品而受到了"剪刀差"的剥削。为了摆脱这种不利地位,发展中国家应优先发展工业,特别是进口替代工业。此外,20世纪60年代初还盛行所谓"连接环节"理论:发展经济学的另一位先驱人物赫尔希曼认为,发展中国家资源有限,应当把有限资源集中起来,首先发展对国民经济有较大带动作用的产业,即"连接环节较长"的产业。由于农业产品大多直接由生产者到消费者,至多多一个加工环节,因而被认为连接环节最短;而工业尤其是重工业的连接环节最长。因此,投资在农业最不合算,而应保证工业、特别是重工业的优先发展。(侯建新,1999)

业发展的基本约束。在制造业，发明的进步可能抵消了报酬递减趋势而有余，但发明的进步将不可能抵消报酬递减的影响（李嘉图，1817；Adelman，1961；Tribe，1978）。李斯特（Friedrich List，1885）建立在职业分配的角度，将经济增长分为五个阶段，①他强调农业的进步只有在出口需求的刺激或国内工业发展的影响下才能发生，而后者被认为是农业进步的最重要的推动器，由扩张的非农业部门引起的对农产品需求的增加和从科技应用中产生的更有效生产方法的发展具有双重影响（Kapp，1963）。马克思（1906，1965）也将经济增长分为了五个阶段，②撇开意识形态方面的考虑，他指出了技术变革在形成经济制度中的极大重要性，技术变革代表了社会组织变化的动态来源。与古典经济学家相比，马克思把规模报酬递增看成是农业部门与工业部门增长的一个重要源泉，他对英国大农场的高效率有着深刻印象（Bober，1948）。罗斯托（Rostow，1953）把从原始社会到现代经济的转变也划分为五个阶段，③明确指出了农业部门在转变过程中的动态作用，在一个开放的经济中，初级部门工业作为主导部门，承担加速增长的责任，农业为迅速增加的人口提供粮食，为新生的工业部门提供大市场，为农业以外的新主导部门提供资本投资和劳动力（Hopper，1961）。

对于农业改造的绩效问题，体现在学者们对这种结构转移的约束研究上。多夫林（Dovring，1959）证明，相对于其他经济部门而言，农业部门的规模限制了劳动者能够向非农业就业转移的速度。在一个以农业为主的经济中，劳动力在农业中的份额甚至在工业和服务业增长非

① 李斯特的五个阶段包括野蛮阶段、畜牧阶段、农业阶段、农业—制造业阶段以及农业—制造业—商业阶段。

② 马克思把生产技术的变化和财产权与意识形态制度的相应变化作为阶段划分的基础。他的阶段包括原始共产主义、古代奴隶制、中世纪封建主义、工业资本主义和社会主义。

③ 罗斯托划分的五个阶段是：传统社会、起飞的前提条件、起飞、走向成熟、大众高消费时代。除了第一和最后阶段外，其他阶段都属于转变阶段，而不是一系列相继的均衡。

常迅速时也下降得很慢。约翰斯顿和基尔比(Johnston and Kilby，1975)强调了两个附加的约束，有农业部门生产的商品的国内需求受到了规模狭小的城市工业部门和在工业与服务业部门劳动者的低收入所限制。这些需求方面的约束反过来又限制了农业部门对工业消费品和诸如化肥和农业设备之类的投入品的需求。①

2.1-2　现代农业分析角度

小农经济以及农业部门被忽视的倾向直到20世纪60年代才有所改变。这是因为以工业为中心的发展战略到50年代后期暴露出了许多问题。即使一些发展中国家按这一发展战略实现了较高的工业增长率，但经济并没有得到真正的发展，人民生活水平并没有得到多大的改善，甚至连吃饭问题也没解决。20世纪50年代占统治地位的结构主义发展战略遭到了人们的质疑，大家开始重新审视农业和小农的问题。西奥多·舒尔茨(T. W. Schultz)在1964年发表的《改造传统农业》一书使得小农经济研究达到一个全新的阶段。

作为与结构主义相对立的新古典主义经济学家，舒尔茨将小农直接放入传统经济学的框架里，将其当作理性经济人进行分析。基于对拉美小农的经验，在《改造传统农业》一文中，舒尔茨指出这种以家庭为单位的传统农业如同在特定资源和技术下的“资本主义企业”。在传统经济状态下，农民在自己的小型、独立和需要筹划的领域里，把一切活动都安排得很有效率，几乎没有一种要素未得到充分利用。追求最大利润，对价格反应灵敏，其生产要素的配置行为也符合帕累托最优原则，小农经济是“贫穷而有效率”的。同时，他还反驳了刘易斯关于传统农业“零值劳力”的论断，他认为“零效率”这一假说是建立在错误的统计估算基础上，这种估算以为，农业似乎可以组织所有农业工人像工

① 本书对这一节的总结主要参考了速水佑次郎和拉坦的《农业发展的国际分析》(2000)一书的第二章。

业工人那样每天干 10 小时或 8 小时的活，而忽视了农业的季节性这个重要特点。①

在此基础上，舒尔茨指出改造传统农业的正确途径，不是苏联式的改造，而是在保存家庭式农场的生产组织结构的基础上，提供小农可以合理运用的“现代生产要素”。而如何才能引进现代生产要素呢？舒尔茨着重论述了三个方面：建立适当的制度；从供给和需求两个方面为引进现代生产要素创造条件；对农民进行人力资本投资。而“建立适当的制度”，就是指要建立一套适于改造传统农业的激励机制。因此，舒尔茨主张通过农产品和生产要素的价格变动来刺激农民；而农产品价格应当主要由市场的供求关系决定，不应由政府简单地压低。②他认为一旦有经济利益的刺激，小农便会为追求利润而创新，从而改造传统农业，如同美国所经历的农业改革一样。

波普金(Samuel L.Popkin)对舒尔茨提出的小农“理性”给予了高度的肯定。通过对越南农村的研究分析，波普金在《理性的小农》(Popkin, 1979)一书中写道：“越南农民是理性的个人主义者，由他们组成的村落只是空间上的概念而并无利益上的认同纽带；各农户在松散而开放的村庄中相互竞争并追求利益最大化。尽管他们偶尔也会照顾村邻或全村的利益，但在一般情况下各家各户都是自行其是、自谋其利的。”他认为小农的农场，最宜于用资本主义的“公司”来比拟描述，小农是一个在权衡长短期利益及风险因素后，为追求最大利益而作出合理生产抉择的人，是“理性的小农”。在后来的讨论中支持波普金者

① 舒尔茨对刘易斯“零值劳力”观点的批评是一重大进步，但“非零值说”也不是绝对的。在中国人口比较密集、自然资源相对较少，而工业又很不发达的地区(比如我国的中部一些欠发达地区)，传统农业出现“零值劳力”的可能性并不能完全被排除。这也是为什么“二元经济”理论在我国经济学界仍很有市场的原因。

② 舒尔茨认为，农业是经济中一个高度分散化的部门，因而最重要的激励是让农民能够自己做主去支配和经营，如果政府企图代替，那么非但不能有效地配置稀缺资源，而且会阻碍农民的企业家才能的发挥。

不乏其人，有人甚至称“亚洲的农民比欧洲的农民更自私”。

2.1-3　维持生存分析角度

自19世纪末到20世纪初这一百多年中，国际理论界一直围绕“小农制趋于衰亡”和“小农经济富有生命力”的认识分歧争执不下。在斯密的自由经济论和李嘉图的国民分配论中，自耕小农经济都是没有其历史地位的，农民小生产者必将被资本主义社会化大生产所吞没。只有俄国学者恰亚诺夫持有不同的看法。

其实，进入到20世纪二三十年代，整个世界被划分为资本主义和社会主义两大阵营，前者以“美国式道路”为样板，逐步实现了高度商业化、资本化、规模化、专业化和技术密集型的现代资本主义大农业生产方式。而后者则以“苏联集体农庄模式”为标本，普遍实行了高度集中的社会主义大集体农业生产方式。“自给自足的独立小农”似乎从人们的视野中消失了。

在当时的历史背景下，恰亚诺夫却对小农经济的生命力和稳定性给予了肯定性的预见。在对俄国农业发展道路的问题上，他指出，在从传统农业向未来社会经济制度的过渡中，农民家庭农场具有长期存在的合理性；农业由纵向一体化走向横向一体化，即土地大规模的集中，需要一个较长时期的发展过程。在生产力未发生重大变革的条件下，以个体家庭农场为单位进行经营，比大规模土地集中经营更具有优越性。农业发展应走以农民家庭农场为主体的合作制道路。在视城乡小生产特别是小农经济为资本主义洪水猛兽的20世纪30年代，恰亚诺夫及其为首的组织与生产学派，独具慧眼，努力为当时的小农经济存在的合理性辩护，无疑需要一定的学术勇气和远见。

在研究方法上，通过对当时的俄国小农家庭经济与资本主义经济的比较，恰亚诺夫(《农民经济组织》，1966)发现了“小农为自家生计而生产”的重要特性，阐述了小农经济的特征与资本主义经济学的不适用性，提出对不同的经济类型应使用不同的概念和范畴。“劳动—消费均衡”模式，是恰亚诺夫农业经济微观理论的核心，他指出“资本主义的利润计算法，不适用于小农的家庭式农场”①，在追求利润最大化上农户选择了满足自家消费需求和劳动辛苦程度之间的平衡，而不是利润和成本之间的平衡。其理论基础源于依生物学规律而建立起来的“家庭生命周期说”——在青壮年父母不需要供养老人而又没有子女时，家庭经济条件最佳；在没有劳动能力的消费者（儿童和老人）至多时最差。②恰亚诺夫因而否定了当时官方学派夸大的农村“阶级分化”论，认为家庭农场的经济状况主要随家庭消费者与生产者的比例周期性变化而起落。他指出在当时的经济条件下，农户间存在相对贫富差别的原因，正是这种“人口分化”，而不是农村“阶级分化”。因而，恰亚诺夫在20世纪20年代提出了社会主义苏联农业经营体制的发展方向是：中小型家庭农场加纵向的合作社。

经济史家卡尔·波拉尼（Karl Polanyi）承袭了恰亚诺夫提出的“不能用资本主义经济学来研究小农经济”的观点。但他给出了不同的解释。他（Polanyi, 1957）认为资本主义经济学的概念和分析方法，都是以一个根据供求规律而定出价格的市场的存在为前提。将这种经济学应用到尚无此类市场的经济体系上，实际上等于强把“功利的理性主义”世界化。波拉尼提倡用“实体经济学”取代波普金式的“形式经济学”来分析资本主义市场尚未出现之前的经济。在资本主义市场出现之前的社会中，经济行为是“植根”于社会关系的，如古代的“互惠”关系（例如互助及亲属之间的义务），而非取决于市场和追求至高利润的动机，因而要把经济行为作为社会制度过程来分析。

---

① 恰亚诺夫认为，因为这种农场不是依赖于雇佣劳动，其家庭全年所投入的劳动，很难分计为一个个劳动单位的成本。农场一年所生产的农产品，是全年劳动的成果，也不易像现金收入一样按单位计算。最重要的是，小农的家庭式农场的生产，主要是为了满足其家庭的消费需要，不是为了追求最大利润。

② 该结论主要依据长达30年的农户跟踪调查资料（调查对象主要是1930年集体化前的俄国村社农民）。

对波拉尼观点的应用，詹姆斯·斯科特(James C.Scott)在其《小农的道义经济：东南亚的叛乱和生计维持》(*The Moral Economy of the Peasant*：*Rebellion and Subsistence in Southeast Asia*，1977)一书中，描述了处于村庄共同体与家庭共同张力之间的道义小农，他认为小农经济行为的主导动机是“避免风险”“安全第一”，在同一共同体中，尊重人人都有维持生计的基本权利的道德观念，以及“主客”间的“互惠关系”等。因此，小农的集体行动，基本上是防卫性和复原性的，是为了对抗威胁生计的外来压力，对抗资本主义市场关系以及资本主义国家政权的入侵。

尤其是现代的发展经济学家们通过对欠发达地区的观察继续证明了这一点，他们发现世界上最贫困的2/3以上的人口居住在农村地区，他们主要从事的是维持生计的农业，主要关心的是生存问题。改造传统农业的成与败，不仅取决于农民提高其生产率的能力和技术，更重要的是要看农民所处的社会、商业和制度方面的各项条件。特别是，如果农民能够通过一条适当、可靠的途径获得贷款、化肥、水、作物信息和销售渠道，如果他的产品能够获得公平的市场价格，如果他能感受到安全，确信他和他的家庭将是改革的主要受益者，那么，就没有任何理由认为，传统的农民会对那些旨在提高农民生活水平的各种经济刺激和新机会毫无反应。来自许多不同国家，如哥伦比亚、墨西哥、尼日利亚、加纳、肯尼亚、印度、巴基斯坦、泰国和菲律宾等的资料表明，在适当条件下，小农生产者会对价格刺激和经济机会做出反应，还会对生产的品种和方式做出积极的改变(世界银行，1986年；Fafchamps，2003)。

2.1-4　中国的过密化现象

美国著名学者黄宗智于1985年和1990年分别刊出了他的两部经典性著作：《华北的小农经济与社会变迁》及《长江三角洲小农家庭与乡村发展》开创了转型期中国小农经济研究的新起点。[①]在这两部著作

① 国内出版的时间分别为2000年和2002年。

中，黄宗智以华北和长江三角洲为基地，集中探讨了以下问题：比如如何看待中国的小农？如何认识中国小农经济的变迁？文中以“边际报酬递减”为基本特征的农业“过密化”（Involution，或称“内卷化”）理论①构成了他整个体系的核心。

首先，黄宗智将前文提及的小农理论分为三大学派：舒尔茨的“理性小农”学派、马克思的“剥削小农”学派和恰亚诺夫的“生存小农”学派。他综合了这三者的理论，认为“中国的小农同时具有农民学中三大传统所分别突出的特点：资本主义古典学派强调的牟利农场主，马克思主义阶级分析中的被剥削者，以及‘实体主义’中的谋生存而非谋利的家庭生产单位”，主张“要了解中国的小农，需进行综合的分析研究，其关键是应把小农的三个方面视为不可分的统一体，即小农既是一个追求利润者，又是维持生计的生产者，当然更是受剥削的耕作者，三种不同面貌，各自反映了这个统一体的一个侧面”。

其次，黄宗智沿用了吉尔茨的“内卷化”理论中以边际报酬作为标准的评价体系。他把农村经济变迁分为三种情况：“首先是单纯的密集化，产出或产值以与劳动投入相同的速率扩展；另一种是‘过密化’（以前译作“内卷化”），总产出在以单位工作日边际报酬递减为代价的条件下扩展；第三，发展，即产出扩展快于劳动投入，带来单位工作日边

① “内卷化”一词首先由克利福德·格尔茨提出。他在研究爪洼水稻农业的过程中，发现在殖民和后殖民时代的爪洼，农业生产长期以来只是不断地重复简单再生产，一直未实现质的突破，亦即未曾导致人均产值的提高，从而阻止了经济的发展。格尔茨称这种现象为农业“内卷化”。农业“内卷化”的实质是农业的极端集约化经营导致边际报酬递减，其理论精髓是把西方经济学中的边际报酬概念引入对殖民地农业的生产（函数）研究中，将其作为发展的评判标准。根据格尔茨的定义，“内卷化”是指一种社会或文化模式在某一发展阶段达到一种确定的形式后，便停滞不前或无法转化为另一种高级模式的现象。黄宗智在《长江三角洲小农家庭与乡村发展》中，把“内卷化”这一概念用于中国经济发展与社会变迁的研究，他把通过在有限的土地上投入大量的劳动力来获得总产量增长的方式，即边际效益递减的方式，称为没有发展的增长，即“内卷化”。

际报酬的增加。"并把这三种情况与劳动生产率联系起来，认为"劳动生产率在密集化状态下保持不变，在过密状态下递减，在发展状况下扩展"。从上述评价体系出发，黄氏认为，长期以来，长江三角洲的小农经济不仅是农业，而且家庭手工业都呈现出"过密化"特点，是一种"没有发展的增长"。小农经济的"过密化"状态在近代农村经济的商品化浪潮中并未有所改观，表现出"过密型商品化"的特点。他利用20世纪50年代至70年代中国农村集体化的例子再次说明"过密化"的含义，即"农业总产值增长了3倍，然而投入的劳动通过动员妇女务农，增加每个农业劳动者每年的工作天数和乡村人口几乎翻了一番，使工作日总数增长了3至4倍。其结果是单位工作日生产率和报酬的停滞或降低"。

黄宗智本人虽然也认同波拉尼的"实体经济学"方法论，但他自己在处理西方经济理论与中国小农经济契合的问题上，却采用了与舒尔茨相同的方法。"过密化"理论的前提是否与中国近代经济一致，用边际报酬来衡量中国的小农经济发展是否有实际意义，甚至黄宗智所采用的数据是否可靠等都遭到了学者们的质疑。

2.2 政策对策总结

2.2-1 价格保护与增加补贴

农产品生产受自然环境的影响巨大与传统农产品在消费上的必不可少性，使得国家对农业生产往往有价格保护与财政补贴的措施。作为百姓生活的必需品，任何个人都需要农产品来满足人类基本的生存需要，当产量不如预期，低于市场需求时，农产品价格如果根据市场需求确定会给全体居民生活带来巨大影响，政府就会采取干预措施。但是如果农产品的实际产量大于市场所需产量，又会导致农产品剩余，如果按照市场均衡价格出售农产品，会造成农民收益下降，农业生产积极性受挫，政府的收购与差价补贴则必不可少。鉴于传统农产品生产与销售的特殊性，很多国家都采取价格保护与增加补贴的方式，尤其是进行小规模农业生产的国家，要么如法国、日本、韩国等依靠政府长期保护和补贴，要么如新加坡等依靠进口。即使是一些大规模农业生产国家在特殊时期也会采取一些价格保护措施，比如美国在大萧条时期的信用紧缩导致大批农场破产，奶农便采取把卖不出的牛奶倒掉来维持农产品价格的措施。二次大战以后，美欧用国家力量来维持农产品价格，每年提供大量财政补贴。

对于转型期的中国而言，首先是受价格保护的农产品种类少，其次，“国内市场的农产品价格已经大大高于国际市场上的农产品价格，在加入世贸组织，进一步加入国际市场的前提下，维持这种高价已经成问题，更不要说再进一步提价了。”（樊纲，2003）依靠再一次提高农产品价格和政府补贴来增加农民的收入，目前非常困难。

2.2-2 发展二、三产业解决农业剩余劳动力

二元经济（Dual Economy）和农村劳动力剩余是发展中国家的共同特征之一。对于转型期的中国而言，解决农村剩余劳动力是学者们提出的增加农民收入的办法之一。

1. 从农村到城市的转移

如何有效“转移农村剩余劳动力”并发挥它的积极作用，是以刘易斯（Lewis，1954）为代表的“二元经济”理论的核心：经济发展的推动力来自先进部门（工业部门），传统部门（农业部门）低工资的剩余劳动力无限地供给到工业部门使其形成剩余产出，而剩余产出又通过利润再投资增加资本存量，不断扩大资本规模，从而创造更多劳动机会，吸纳更多剩余劳动力。这种情况一直延续到农业部门的剩余劳动力被先进部门吸收完毕，农业部门的劳动边际生产率不再为零，城市工业部门不提高工资水平就不再有农业劳动力的供给，经济中的二元结构成功收敛为一元结构。我国不少学者（比如樊纲，2003）也认为中国农业问题

以及农村问题的根本出路在于"工业化",即农村人口就业的非农产业化,或称"农民的非农产业化",也就是多数以至绝大多数农民(80%以上)最终都能在非农产业(工业、服务业,等等)中获得稳定的就业。解决农民问题的根本出路是使多数农民不再是农民。

但是关于"工业扩张与解决就业问题",刘易斯的二元经济理论早在1970年就遭到了哈里斯和托达罗(Harris and Todaro, 1970)的质疑:"发展中国家的快速工业化能否将农村剩余劳动力吸收掉?农村剩余劳动力为何会不顾城市失业或隐性失业的存在继续向城市转移?"陈锡文(2004)证明了我国农民收入增长困难的深层次原因是农村就业不充分,我国农民增收所面临的最大困难恰恰是向二、三产业和城镇转移劳动力所面临的困难。

2. 加速城镇化与工业化下移

受农民趋往城市就业的启发,我国一些研究将工业化与"城市化以及城镇化"联系在一起。他们(曲凌夫,2008;祝福恩、李世红,2003)认为和世界城市化平均水平47%相比,我国城市化水平只有37.66%,尤其是城镇数量少,大部分人口规模不足,吸纳劳动力的能力有限,光靠现有的城市来吸纳农村劳动力是不现实的,而小城镇是城乡结合体,是联结城乡的桥梁,因此加快城镇化进程是农民增收的重要途径。

缪尔达尔(Myrdal, 1957)把刘易斯的部门二元结构理论延伸到区域二元结构,发展出"地理上的二元经济"(Geographical Dual Economy)理论——区域间经济发展水平的差距造成了经济的不平等,而经济的不平等又进一步加剧了区域间经济发展水平的差距,如此不断"循环"和"累积",最终形成地区间、国家间在地理上的二元结构。他用"回波效应"(back-wash effects)和"扩散效应"(spread effects)说明了发达地区优先发展对落后地区的不利影响和促进作用,认为发达地区的优先发展首先通过"回波效应"拉大发达地区与不发达地区的差距,当发达地区经济发展到一定程度后,又通过"扩散效应"促进不发达地区的经济发展。由于"区域二元经济"在中国表现得较明显,"回波与扩散效应”得到了较广泛的应用，一些学者（卢荣善，2005）便提出“工业中心从大中城市下移到县城”来带动和加快农村发展的思路。

2.2-3 寻求农业自身的发展潜力

1. 资源开发

纵观历史，耕地和牧场的扩大是增加农业生产的主要途径。如果伴随着运输成本的下降，在新打开的市场刺激下，剩余土地和劳动能力能使小农生产者即使面临着相当固定的技术系数，也能够扩张得非常迅速（Myint，1958）。但是，这种农业的增长在长期内是不可持续的，世界上剩下的未开垦的土地已经相当少了。为了维持农业增长，有必要从资源开发转变到诸如对资源保持型或增进型技术（如作物轮作和施肥）的开发上，用化肥这样的现代工业投入品代替自然土壤肥力；以及对化肥反应性的现代作物品种的开发上。

舒尔茨（1964）指出，为了获得这些增长的新源泉，一个社会必须对基础设施、运用于农业生产的工业技术以及开发农业新技术和有效使用它所需的人力资本和科学研究进行投资。

2. 技术溢出

对任一农业地区（从大多数先进地区到落后地区）农民之间土地或劳动生产率的重要差别的经验观察，使得一些学者认为，更好的耕作方法和更好的动植物品种的扩散是农业生产率增长的重要源泉。

不过这一方法使用起来有其局限性，因为它暗含农业技术能够容易地从高生产率国家扩散到低生产率国家。实际情况往往是农业技术具有高度地区特性，由于气候和资源禀赋的不同，在大多数情况下，先进国家开发的技术是不能直接转移到欠发达国家的。通过对传统小农农业的资源再配置，只能获得非常有限的生产率增长（Hopper，1965）。

2.2-4 改进制度

亚当·斯密以来，经济学家一直把生产技术的提高、专业化和劳动分工的发展以及由此产生的市场规模的扩大看成是经济增长的原因。新古典学派生产函数中的变量——资本、劳动、土地、原料和技术成为大部分经济学家分析的起点。然而,用生产函数和劳动分工来解释经济增长并不尽如人意,因为在经济绩效中,总有一部分"剩余因素"得不到说明。基于这种增长模型提出的政策措施,解决不了发展中国家的问题。诺思(North, 1990)认为之所以解释不了"剩余"因素,是因为他们在构建模型时,忽略了在专业化和劳动分工发展的情况下,生产要素交易所产生的费用,而这些交易费用是制度建立的基础。专业化和劳动分工的发展会增大交易费用,但不会自动导致交易费用制度的产生。而制度的建立是为了减少交易成本,减少个人收益与社会效益之间的差异,激励个人和组织从事生产性活动,最终导致经济增长。从制度角度来分析问题成为另一种主流。

针对中国的实际,从制度的角度,一些学者(孙自铎、汪建国,2002;刘远新、赵海峰,2007)认为农民增收难与现有制度关系密切,包括金融制度的缺陷,土地流转制度的缺陷,地方政府管理制度缺陷以及户籍、财政与税收制度的缺陷,等等。它使得农民在经济权益(土地财产权和市场主体权)、政治权益(结社组织权等)和社会权益(比如劳动就业权、迁徙权、教育权、社会保障权和尊重权等)上都有所缺失(杜旭宇,2003)。"这些不公平不公正的体制严重妨碍对农民的人力资本投资、阻碍农民劳动力流动和转移,是束缚中国社会生产力发展的最大体制性障碍。"①

与农产品价格制定有关的政策是人们认为政府需要做出的重大改进之一。许多发展中国家政府在激进追求工业化和城市迅速发展的过程中,还维持着农产品的低价政策,试图为现代部门提供廉价的粮食。农民提供农产品所获得的支付价格要低于世界市场价格或国内自由市场价格中的任何一个。因此,粮食与制成品之间的国内价格比值(即国内的贸易条件)不利于农民,而有利于城市的制造商。由于农产品价格

① 摘自胡鞍钢:《中国需要进行第三次解放农民》,《中国经济周刊》2002年第35期。

过低(甚至有时候要低于生产成本),所以农民没有动力去扩大生产或投资技术进步以期提高劳动生产率。其结果是造成当地的粮食供给持续地满足不了对粮食的需求,许多粮食生产一度能自给自足的发展中国家,特别是撒哈拉沙漠以南的非洲国家,最终只能进口粮食。这便导致了这些国家国际收支的压力进一步扩大,并促成了这些国家二十世纪八九十年代的外汇和国家债务危机。

因此,经济学家们认为,若发展中国家政府希望通过采用绿色革命的新技术来提高农业产出,那么,他们不仅应适当调整制度和信贷市场,而且还应通过实施能够真实反映国内市场状况的价格政策,来激励中、小农业生产者发展生产(Drazen and Eckstein, 1988)。

2.2-5 引入合作

1978年我国农村制度改革——家庭联产承包责任制极大地推动了当时中国经济的发展,它的实施使得长期被抑制的生产力得到了解放,中国用占世界7%的土地解决了占世界22%的人口的温饱问题。与此同时,国家通过大幅度提高农产品收购价格、放开粮食购销和增加对农业基本建设投入的措施使得农民收入增长显著。然后进入20世纪90年代后,经济制度的转型把大部分农产品推到了市场经济的大潮中,面对着市场竞争与价格的波动,以家庭为基础的农村经济发展陷入了困境,转型期我国农民收入增幅缓慢和相当一部分农民收入水平相对下降已成为不争的事实。

转型期农村经济发展的局限引起了专家学者和决策层的思考:独立分散的传统小农生产无法适应现代市场的竞争。因为一方面我国普通农户生产规模过于细小(目前我国人均耕地面积仅为世界平均水平的40%,远低于欧美而且大多是山地①),难以实现规模效益。另一方面农户与农户之间在生产和消费环节过于独立分散,产前、产中和产后

① 截至2005年,我国人均耕地面积为1.40亩,且有逐年减少的势头,远低于美国的10.9亩和加拿大的25.9亩。

几乎不存在组织化与劳动分工,当计划经济转向了市场经济,他们立刻处于谈判的弱势地位,难以实现产业升级,利益流失问题严重。

然而如何发展现代农业?根据其他国家农业发展的经验,人们逐渐意识到建立农村合作经济组织是发展现代农业的重要制度供给,在整个农业现代化与产业化的进程中举足轻重。不仅如此,农村合作经济组织的建立还能帮助农民提高应对市场竞争的能力,因为无论农户的经营规模多大,相对于交易对象而言,他的力量总是微不足道的,相同生产类型的农户"横向合作"不仅可以增加市场谈判力,还有助于他们之间的互助和生产设施的规模利用,而在此基础上建立的产业上下游主体间的"纵向合作"(如农户与供应商和营销商等的合作)更是可以降低交易成本并获取产后增值收益。目前,在农业发达的国家和地区,不管是人均资源丰富的(比如美国、德国),还是人均资源同样贫乏的(比如日本、韩国),不同类型的合作组织已经成为最受农民欢迎的组织方式,在农户总的经济收入中占有的分量也较重。比如在美国,由合作社加工的农产品占总量的80%,供应化肥、石油分别占40%以上;在法国,农业合作社年收购额占全国的比重:粮油为75%,猪肉为89%,饮用葡萄酒为60%;在日本,几乎100%的农户都参加了农协,市场销售的农产品的绝大部分由农协提供,其中,米、面两项占95%,水果占80%,家禽占80%,而农协向成员们提供的生产资料中,肥料占总需求量的92%,农药占70%,饲料占40%,等等。

总体而言,这些政策对策基本上围绕着对调整经济结构还是农业结构的讨论。调整经济中的工农业结构不仅仅和农业发展本身有关,它还属于宏观层面和全球视角范围的考量,涉及的是整个国民的收入增加的问题。对于调整经济结构,尤其是针对发展中国家,大部分学者强调的是在经济结构中优先发展工业的重要性。其中包括普雷维什(Raul Prebisch)和辛格尔(Hans Singer)(1950)的"剪刀差"理论①和赫

① 又称贸易条件恶化。

尔希曼(A.O.Hirschman)的“联系效应”理论(1958)的一种思考。前一种理论认为,在国际贸易中,发展中国家主要输出农产品,发达国家则输出工业品,这样发展中国家因输出农产品而受到了“剪刀差”的剥削。为了摆脱这种不利地位,发展中国家应优先发展工业,特别是进口替代工业。后一种理论指出发展中国家资源有限,应当把有限资源集中起来,首先发展对国民经济有较大带动作用的产业,即“连接环节较长”的产业。由于农业产品大多直接由生产者到消费者,至多多一个加工环节,因而被认为连接环节最短;而工业尤其是重工业的连接环节最长。因此,投资在农业最不合算,而应保证工业、特别是重工业的优先发展。罗森斯坦—罗丹(Paul Rosenstein-Rodan)更是推崇工业的积极作用,提出了“大推进(Big Push)”理论(1943),阐述了落后地区应实行工业化,进行全面的大规模投资的观点。

当然完全放弃农业发展工业在中国并不可行,于是从调整农业结构本身的角度,除了前面强调的科技、土地合理利用与合作等问题,国内一些学者(赵美玲,2001;高志敏、许倩,2004)还强调,引导农民适应市场需求的变化,全面优化农产品的品种,注重产量和质量,发展农产品加工业,延长产业链,提高农产品的附加值等观点。姜长云将农业结构调整总结为四个层次:品质结构调整、内部结构的调整(比如适当减产来保证增收)、种植业与其他林牧渔业之间的调整和延长农业产业链、加强产前产后开发。不过他同时还强调这些调整对农村金融的要求较高,需要大量资金。①

需要提及的是,调整经济结构和农业结构分别与前面提到的发展工业等二、三产业和现代农业等在理论上有所交叉。

① 姜长云:《农业结构调整要面向整个农业产业链》,人民网 2006 年 5 月 10 日。

2.3　农业合作组织的经济学分析

本节将对以往有关合作经济的理论和实证研究进行回顾总结，为本书第5章的合作组织研究做铺垫。

经济学的很多分支都涉及对合作问题的研究。尤其对于合作组织的形成与成长问题，出现过很多理论。这些理论往往是从一个侧面去讨论外部因素对合作的影响，在一些特殊的背景下，得出一些侧面的(partial)结论，比如资本市场不完美、资源禀赋贫乏、产权不清、信息不对称、交易成本高、风险厌恶，等等。因为出发点的不同，这些理论之间还存在很多相互矛盾之处。直到现在，合作经济组织如何运作仍然没有形成一个能被广泛接受的、一致的解释框架。但是这些角度各异的理论为揭示制度与合作经济组织发展关系提供了一个很好的基础，在一些特定情形下，也可以对现实中的合作现象做出解释。

2.3-1　新古典经济学分析

关于合作经济组织的研究与理论的发展，始于新古典经济学的"企业论"。也就是说，在新古典经济学里，合作组织完全被看作是一个企业来对待。亚当·斯密的劳动分工理论、马歇尔的厂商理论(主要指规模报酬、生产函数)和贝恩的产业组织理论为研究合作经济的形成与发展奠定了强大的理论基础。

其中，亚当·斯密(Smith, 1976)把分工看成是提高劳动生产率的主要原因。他指出，工业部门的劳动生产率之所以高于农业部门，是由于工业企业和行业间的分工比较发达。斯密的生产力学说和分工协作的理论为合作经济组织的纵向一体化发展提供了广阔的思路。而根据马歇尔(Marshall, 1920)的厂商理论，农户作为生产厂商，如果农产品市场处于完全竞争状态时，长期均衡的结果便是价格 $P^* =$ 长期边际成本（LMC）= 边际收益（MR），均衡产量为 Q^*。但由于实际交易中，农户高度分散，信息不完全，谈判价格的能力弱，作为高度组织化、专业化的购买方往往会利用自己的优势压低价格占有本应属于农户的利润。农户通过合作经济组织来抵御市场风险，增强谈判能力便是基于这样的理论背景提出的（温铁军，2000），该理论广泛应用于合作经济组织形成时期的讨论。而对于合作经济的发展问题，也就是马歇尔理论下的企业成长问题，企业规模调整理论认为企业成长的动力来自对规模经济的追求。企业在新古典经济学中是作为一个生产函数存在的，生产函数中的变量——资本、劳动、土地、原料和技术成为大部分经济学家分析的起点。

20 世纪 30 年代诞生的产业组织理论是研究农民合作经济组织成长问题的重要理论基础，产业组织学体系的形成要归功于贝恩（Bain，1959）等人，他们在理论上构造了市场结构—企业行为—经济绩效（Structure-Conduct-Performance）的分析框架（简称 SCP 框架）。SCP 分析框架的基本涵义是：市场结构决定企业在市场中的行为，而企业行为又决定市场运行在各个方面的经济绩效。产业组织理论是以同一商品市场的企业关系结构为研究对象，以产业内的最佳资源分配为目标，研究产业内企业规模以及企业之间竞争与垄断关系的应用经济理论。该理论主要从利润率、效率和技术进步三个方面考察市场绩效问题，是不少学者研究合作经济的长期持续发展问题的立论点。

在经典的 SCP 分析框架之外，能指导合作经济组织创新的还有垄断与竞争的市场理论、规模经营的理论等。事实上，不按一定的产业组织形式把分散、弱小的农民组织起来，在由市场形成价格的流通体制下，任何支持与保护农民的措施或政策都是难以完全奏效的。由于农业生产经营者追逐利润最大化，而从整个农业产业看，过度竞争及结构趋同又会导致产业成本的递增，即随着产量的增加，投入要素的价格会上涨，而产出价格下降。因此农业产业组织是当前要促成农户适度规模经济与适度垄断的条件。由此可见，农业的过度竞争将导致农业成本递增，弱质性增强，同时造成利润过度分散，不利于组织创新；同时政府及其部门、国有企业的不合理垄断又导致利润的集中与流失。因此，农业产业组织创新的机制在于，在市场主体（买卖双方）间选择一种恰当的竞争垄断秩序来规范现行扭曲的市场结构。

2.3-2　新制度经济学分析

可以说，亚当·斯密以来，经济学家一直把生产技术的提高、专业化和劳动分工的发展以及由此产生的市场规模的扩大看成是经济增长的原因。但和早期学者运用标准的新古典经济学方法中将合作社的研究模型化不同，随着以新制度经济学为主的大量新理论、新方法的出现，诸如交易费用理论、产权理论、委托代理理论、博弈论等很快被应用到合作经济理论的研究中，从产权、契约、博弈、代理、交易费用等视角对合作社进行了深入的剖析，逐步形成了系统的合作社理论和研究方法。

新制度经济学的企业成长理论主要阐述企业纵向边界的扩展，认为企业成长的动因在于节约市场交易费用。科斯（Coase, 1937）对新古典的企业理论提出了质疑，他认为价格机制不是唯一的解释企业存在的理由，企业也是协调资源配置的手段，节约市场交易费用也是企业成长的动力。

继科斯之后，由阿尔钦、德穆塞茨等人发展起来的产权理论成为解释“合作经济组织”的新方法，他们排斥古典企业模式，但仍然采取古典理论的经济行为假定，即认为企业代理人是按自身效用最大化原则行事，企业被认为是生产要素间的一组合约，而每一要素由自我利益所驱动。他们强调按照合约建立起来的组织中权利的重要性。

阿尔钦和德穆塞茨（Alchain and Demsetz, 1972）认为，对经济组织来说，重要的是解释什么条件决定了专业化和合作生产的好处，这种好处是通过市场还是通过企业来达到的。“如果以团队生产的方式能使生产力有净增长，扣除维持团队纪律的有关的考核成本后仍有净利，那么就应该依靠团队生产，而不依靠许多分离的个体产出的双边贸易”，这就是团体的起源与企业产生的缘由。

威廉姆森（Williamson，1975、1985）认为，团队生产并不能解释所有的企业组织，尤其是大企业组织，用协作的不可分割性无法解释规模极大的企业的形成和存续问题。如果把企业看作是一种连续生产过程的纵向一体化实体，这个生产过程的不同阶段之间如果通过市场交易关系相联系，就需要签订一系列的合约。因为信息的不完全与不对称性，合约不可能是完全合约，这就给经济主体的机会主义行为提供了条件，从而导致专用性资产事前投资不足。为解决这个问题，企业必将通过前向或后向一体化的过程，把原属于市场交易的某些阶段纳入企业内部进行，其结果就是以纵向边界拓展为特征的企业成长。

2.3-3 实证研究简要介绍

我国学者对农户合作经济的研究主要着重于因素分析，比如户主的文化水平、年龄，产品的商品化程度，农产品类型和政府支持度等（郭红东、蒋文华，2004）。综合已有的研究成果，一般而言，性别作为特征变量对农户是否愿意参与组建合作经济组织的预期影响和方向不明确。而不同年龄阶段的农民，对参与合作组织的积极性也不尽相同。由于在我国农村，现阶段农民的年龄大小与其文化程度呈明显的负相关关系，一般来说，文化程度高，参与组建合作经济组织的积极性也相应较高。但由于高龄农民的生产等能力下降，他们在生产和销售上更愿意依赖合作组织。综合看来，农民年龄与参与合作经济的积极程度呈U型分布。

农户的经营特征方面对农户参与组建农民专业合作经济的影响比较多，主要有农户的兼业化程度、农户的商品化程度、农户的经营规模、农户农产品的类型等。农户的兼业化程度，主要是指农户家庭农业收入占家庭总收入的比例，这一变量对农户参与组建合作经济组织的预期影响方向为反方向，兼业化程度高的农户，由于对农业收入的依赖性弱，专业性不强，其组建合作组织带来的预期收益要低于兼业化程度低的农户，因而其参与组建的意愿可能会低于兼业化程度低的农户。农户的商品化程度，主要是用农户销售的农产品数量占总产量的比例来度量生产的商品化程度，生产商品化程度较高的农户，其所从事的一般是一些投入相对较多和经济效益较高的农产品的生产，其在生产经营过程中所面临的生产风险和市场风险一般会比商品化程度低的农户要高，参与组建专业合作经济组织能够通过共同销售、分享信息等手段减低进入市场所面临的风险，因而商品化生产程度越高的农户，其参与组建专业合作经济组织的意愿应该越强。经营规模作为农户经营状况变量对参加组建合作经济组织的预期影响方向为正方向，一般经营规模大的农户，由于在生产过程中投入的技术、资金及精力较多，承担的风险也比较大，并且产品的销售过程中遇到的问题比一般小规模经营农户要多，因而参与组建合作经济组织的愿望会比较强烈。农户农产品的类型与其是否参与组建合作经济组织有很大的关系，根据前文的讨论，农民专业合作经济组织的产业分布特征明显，主要集中在种植业和畜牧业。而种植业中尤以鲜活农产品行业集中度更高，鲜活农产品具有鲜活性、易损的特点，难以长期保存，农户承担的市场风险较大，且其储存成本高，技术要求高，需要大量的资本投入；而像畜牧业中的奶业，资产专用性强、生长周期很长、资金回笼慢，且在牛奶的生产和销售过程中，奶业生产设备需要大量资产投入，属于农业中的重工业，是一个技术密集型行业，这些都使从事这些行业的农户更愿意参与组建合作经济组织。

基于农产品市场的发育程度和龙头企业的带动情况的研究角度，农产品市场发育程度是指农产品市场的完善程度，具体体现为农产品流通体系的完善程度和农户的农产品销售的顺畅程度等，如果农产品市场体系非常完善，各种非农民的流通组织发展得很好，农户不存在农产品销售问题，那么，农户参与组建专业合作经济组织的积极性就不会很高；而那些在销售过程中遇到过卖难问题的农户，参与组建专业合作经济组织的积极性会较高，因为造成卖难问题的重要原因是缺乏流通组织，产品找不到销路，如果农民专业合作经济组织能在解决产品销路问题上有所作为，农户参与的意愿就会提高。龙头企业带动情况是指有农产品加工流通企业带动组建农民专业合作经济组织，在龙头企业的带动下，农户更愿意参与组建合作经济组织。

政府对农民专业合作经济组织的扶持和宣传，有利于合作经济组织的发展，增加农民参与组建的积极性；涉农服务部门的带动同样可以减少合作组织的创建成本，对合作组织也可以起到管理和政策上支持。因此政府支持力度越大的地方，农民专业合作经济组织组建的阻力越小，运行成本相对较低，对农户来说，这也相应地减少了参与组建的成本和风险，使其减少顾虑，从而有助于提高其参与组建农民专业合作经济组织的积极性（孔祥智、郭艳芹，2006）。

3

“温饱陷阱”成因的微观分析：市场环境与价格波动的随机动态演化模型

3.1 引言

自改革开放以来，中国广大农村地区迅速摆脱了“贫困陷阱”，步入了温饱阶段。然而20世纪90年代后期，中国农村地区进入了一个发展瓶颈阶段：农民与城市居民之间依然存在较大的收入差距，①在广大欠发达地区，农业生产仍然停留在传统农业上，新技术的采用率很低。

① 从1978年至今，我国城乡的收入差距越来越大。为了不影响行文逻辑，将这部分详细的数据比较和说明放入本章附录中，参见附录3A.1。

经济学者蔡昉称之为“温饱陷阱”(蔡昉,2009)。

对“温饱陷阱”的成因众说纷纭。有的从制度层面分析,认为土地流转制度不畅导致了土地利用的低效,阻碍了农业生产的进一步增长;有的则从技术层面进行解释。本书分析问题的角度来源于舒尔茨(1964)引入新技术要素改造传统农业的思想。基于这个角度分析的学者们有着这样一种看法:造成“温饱陷阱”的一个主要原因是新技术和新品种的采用不够,农民通常对新技术持怀疑和保守态度,农业技术的更新缓慢。那么,为什么农民不采用具有更高生产力和回报的新技术呢? 这个问题被某些学者归结为农业的“维持生计”特征(Fafchamps, 2003; Janvry, et al., 1991、1992)。他们认为,“农民的目标与其说是收入最大化,不如说是使家庭的生存机会最大化。”投资于具有高度风险和不确定性的农业新技术会危及自有财产很少的农户的生存,所以农户会转而局限于传统的农业生产方式中,造成农业现代化进程的缓慢。

图 3.1 是托达罗等人(Todaro and Smith, 2009)在《发展经济学》一书中为说明上述观点而给出的。该图给出了两种耕作技术的产出概率密度。技术 A 代表传统农业技术,其期望产出比较低,但产出的波动性比较小。技术 B 代表农业新技术,其期望产出比较高,但是产出的波

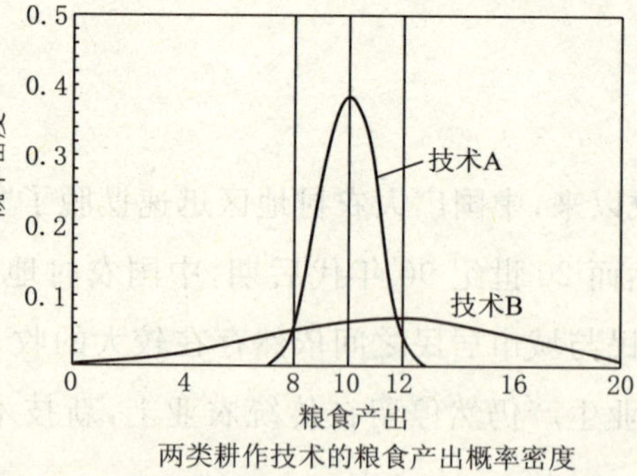

图 3.1　为什么抵制创新和变革有时是理性的?

动比较大，采用技术B的农户有较大可能获得很低的回报，从而限于饥饿的困境。因此，缺乏风险抵御能力的农户会倾向于选择传统技术A，农业的技术改进推进缓慢（详细的分析可参见 Zimmerman and Carter，2003）。

这样的解释并不适用于当前的中国农业，因为中国农民已经摆脱了贫困和饥饿的陷阱，步入了温饱阶段。中国农民若采用了技术B，即使收获的产出很低，也不会陷入饥饿的困境。

本书认为，农业新技术的采用对农户而言意味着相比传统农业技术会面临更大的风险和不确定性。鼓励农民们投资新技术，需要追加对某些农业公共品的配套投资，具体包括改善交通、通信等基础设施，扩大新的农产品市场范围，开拓销售渠道，传播相关农业技术知识，等等。而这些公共品的投资超出了单个农户的投资能力，是需要农户之外的组织来完成的。如果对这些公共品的投资不足，农户就会表现出对损失的过分厌恶，从而拒绝可以带来较高期望收益的新技术；而当对这些公共品的投资较为充裕时，农户则会表现出对损失的较强承受能力，对新技术的采用更为积极。因此，传统农业改造的问题，不应该只局限于价格激励上，还应该深入研究不同市场环境下农民行为的多种可能性。

在建模方面，由于一些理论模型把农业价格预先给定当作分析的前提，把优化解与实际现象之间的矛盾归结到农民保守落后、风险厌恶等因素上，或者认为是制度原因造成资源匹配问题。本书希望通过修改这一前提，引入新的因素来重新思考我国农业改造的绩效问题。我们发现，一方面，自然风险与信息成本的存在使得农民无法对农产品的价格做出准确的预期；另一方面，农业生产调整存在成本与滞后性问题，一旦真实价格与期望价格之间出现较大落差而又没有长期有效的解决办法，农民容易产生损失厌恶心理退回到传统农业生产中，这就是“温饱陷阱”的成因。本书引入一户农户在价格波动下的劳动投入时间调整模型①来刻画这一现象，并以1983—2007年的中国农业数据，以及安徽凤阳等地的农业新技术实验等案例，对模型进行验证。

3.2 价格波动下的劳力调整模型

本模型一方面保留冯·诺依曼(von Neumann)的期望效用理论来描写收益与劳动供给时间之间的替代关系，另一方面考虑真实价格与期望价格之间的差异对农民行为的冲击，为此，引入一个市场环境参数θ来描写农民对正向或负向价格落差的反应。当市场环境较差时，农民对负向反应比正向反应强烈，他们选择损失规避，即放弃期望收益高但价格落差可能也高的选择，满足于期望收益低但价格落差小的退路；

① 我们知道，在研究风险以及不确定性条件下的决策，提出的模型非常多。人们最常用的理性选择模型是期望效用理论(Expected Utility Theory)。期望效用理论暗含人们在做决策时能事先预知每一个可能结果的概率分布(或概率密度)(von Neumann和Morgenstem，1953)。这与本书所要讨论的情形不太相符。对于农业生产而言，农产品价格的概率分布是很难准确估计的，尤其是种植新的经济作物时。实际上农户常常往往根据经验或猜测来预测。前景理论是对该理论的主要替代之一。该理论也指出期望效用理论暗含人们在做决策时能事先预知每一个可能结果的概率分布(或概率密度)，这意味着人们只需要关注财富的绝对量，而无需考虑财富的变化量。而在前景理论中，其决策者并不关心财富本身的最终值，而关心财富相对于某一参考值的变化，即以某个参考点为对象的财富变化，记为Δ。该理论通过直接修改效用函数来替代期望效用理论(Kahneman和Tversky，1979)。本书受到了这两种思想的影响，模型是对这两种思想的一个结合，既希望关注绝对量，也希望关注财富变化对人们选择的影响，但不直接借用前景理论的建模办法。因为前景理论重构的效用函数需要给出一个“权重函数”，这个函数在现实生活中也是很难观察到的。本书采取了一种折中的办法，对期望效用函数并不做修改，而是把它当作确定性分析的一部分，对财富变化量的考虑则作为随机扰动项放在方程的第二项，从而构建了一个预期演化偏移与随机扰动相结合的动态模型，这样的结合受到了Binmore和Samuelson(1999)这篇文章的启发。

当市场环境较好时，农民对正向反应比负向反应强烈，他们更偏好于高的期望收益，即使价格落差也大。本书将价格变化对劳动供给时间的确定性影响和价格随机落差对人们行为的冲击相结合，构建了一个随机动态演化方程。

3.2-1 模型及假定

1. 预期价格

由于 P_t 在第 t 期开始时不可知，假定农户在第 t 期预期价格为 $\tilde{P}_t$。其效用最大化方程可写为

$$\max_{z_t}\{U(Q(z_t)\tilde{P}_t,\ z_t)\} \tag{3.1}$$

假定函数 U 满足李氏连续，存在唯一的最优解 z_t，且可由 $\tilde{P}_t$ 表示：$z_t = F(\tilde{P}_t)$。

2. 确定性动态演化方程

记 $f(\tilde{P}_t) = F'(\tilde{P}_t)$，可给出如下确定性动态方程：

$$\dot{z}_t = f(\tilde{P}_t)\dot{\tilde{P}}_t \tag{3.2}$$

$f(\tilde{P}_t)$反映了农户的劳动力投入随着相关农产品的价格波动而发生演化偏移(evolutionary drift)的方向与大小。将方程(3.2)改写为 $\frac{\dot{z}_t/z_t}{\dot{\tilde{P}}_t/\tilde{P}_t} = f(\tilde{P}_t)\tilde{P}_t/z_t$，即得到 z_t 的价格弹性系数。如果 $\frac{f(\tilde{P}_t)\tilde{P}_t}{z_t} > 1$ 时，意味着农民对某种农业技术的劳动力投入与农产品价格在同一方向变化，但前者的环比变化幅度大于后者。如果农户具有完全信息，可以准确预期到当期的产出市场价格，则 $\tilde{P}_t = P_t$。图 3.2 对这种确定性情况给出了一个模拟实现图，通过随机设置 P_t 的环比变化率推算出 z_t 的环比变化率。其中纵坐标是对某农业技术的劳动力投入和相应农产品价格的环比变化率，横坐标是时间。

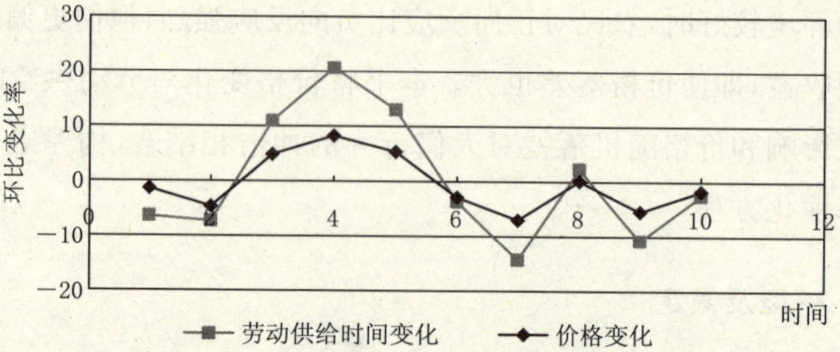

图 3.2　农民具有完全信息且劳动力投入的价格弹性大于 1 时的情形模拟图

观察图 3.2 可以发现：劳动力投入变化曲线把农产品价格曲线包含于其中。如果假定劳动力投入对农产品价格的弹性系数大于 1，则劳动力投入变化曲线会被农产品价格曲线所包含。

3. 随机动态演化方程

当农户不具备完全信息时，农户对当期市场价格的预期与实际值之间会有一个误差，用 ΔP 表示。若 ΔP 满足正态分布 $N(0, \sigma^2)$，则农户因为预期偏差而造成的劳动投入与最优值之间的差值 Δz 可近似①表示为 $\Delta z \approx \left.\frac{\partial z}{\partial P}\right|_{P=\tilde{P}_t} \Delta P$。$z_t$ 与 P_t 之间的随机动态方程写为如下形式：

$$\frac{\mathrm{d}z}{\mathrm{d}P} = f(P) + g(P) \tag{3.3}$$

其中 $g(P)$ 为随机冲击项。假定观察到的价格变化次数为 n，随机冲击项 $g(P)$ 的性质表示如下：

$$g(P_-) = \begin{cases} n\left(-\left.\frac{\partial z}{\partial P}\right|_{P=\tilde{P}_t}\right)E(\Delta P_-), & \frac{\partial z}{\partial P} < 0 \\ n\left.\frac{\partial z}{\partial P}\right|_{P=\tilde{P}_t} E(\Delta P_-), & \frac{\partial z}{\partial P} > 0 \end{cases} \tag{3.4}$$

① 该近似方法为一阶泰勒展开。

$$g(P_+)=\begin{cases} n^{1-\theta}\left(-\left.\dfrac{\partial z}{\partial P}\right|_{P=\widetilde{P}_t}\right)E(\Delta P_+), & \dfrac{\partial z}{\partial P}<0 \\ n^{1-\theta}\left.\dfrac{\partial z}{\partial P}\right|_{P=\widetilde{P}_t}E(\Delta P_+), & \dfrac{\partial z}{\partial P}>0 \end{cases} \tag{3.5}$$

其中 ΔP_-，ΔP_+ 分别表示真实价格的下跌和上涨幅度，则 $g(P_-)$，$g(P_+)$分别表示劳动供给时间对价格波动的响应幅度。因 ΔP 满足正态分布 $N(0, \sigma^2)$，则：

$$E(\Delta P_+)=\int_0^{\infty}\Delta P_+\frac{1}{\sqrt{2\pi}\sigma}e^{-(\Delta P_+)^2/(2\sigma^2)}\mathrm{d}\Delta P_+=\frac{\sigma}{\sqrt{2\pi}} \tag{3.6}$$

根据对称性有：$E(\Delta P_-)=\dfrac{\sigma}{\sqrt{2\pi}}$。那么当$\dfrac{\partial z}{\partial P}>0$时，$g(P)=(n^{1-\theta}-n)\left.\dfrac{\partial z}{\partial P}\right|_{P=\widetilde{P}_t}\dfrac{\sigma}{\sqrt{2\pi}}$；当$\dfrac{\partial z}{\partial P}<0$时，$g(P)=-(n^{1-\theta}-n)\left.\dfrac{\partial z}{\partial P}\right|_{P=\widetilde{P}_t}\dfrac{\sigma}{\sqrt{2\pi}}$。

方程(3.5)中引入 θ 表示农户对正向和负向的价格预期差异有不同的反应方式：若 $0<\theta\leqslant 1$，则农户对超出预期的负向价格波动反应相对比较大，观察上表现为农户对新技术或新品种的保守和拒斥态度，且 θ 越大，这种态度越强烈。当 $\theta=0$ 时，农户对正负向的超出预期的价格波动的反应是对称的，此时农户的行为与完全信息下的行为是一样的，方程(3.3)等价于方程(3.2)。当 $\theta<0$ 时，农户对超出预期的正向价格波动反应比较大，观察上表现为农户对新技术和新品种的接受和采纳的积极态度。

3.3 模型实现与三个重要推论

为求解方程(3.3)，设定农户的效用函数为拟线性：

$$U(I_t, z_t)=Q(z_t)\widetilde{P}_t+c(1-z_t)^{\alpha} \tag{3.7}$$

其中 $c>0$，$0<\alpha<1$(即闲暇的边际效用递减)。假定生产周期内不

存在技术变化，农业技术的生产函数设为 $Q(z_t)=kz_t^{\beta}$，$k>0$，$\beta>0$。我们有如下的表达式：

$$\max_{z_t} kz_t^{\beta}\tilde{P}_t+c(1-z_t)^{\alpha} \tag{3.8}$$
$$\text{s.t.}\quad 0\leqslant z_t\leqslant 1$$

根据库恩—塔克条件可得：

$$\frac{\partial U}{\partial z_t}=0\Leftrightarrow \beta k\tilde{P}_t z_t^{\beta-1}=c\alpha(1-z_t)^{\alpha-1} \tag{3.9}$$

故 $\tilde{P}_t=\dfrac{c\alpha(1-z_t)^{\alpha-1}}{\beta kz_t^{\beta-1}}$，记 $b=\dfrac{c\alpha}{\beta k}$，求导有：

$$\frac{\mathrm{d}\tilde{P}_t}{\mathrm{d}z_t}=b(1-\beta)(1-z_t)^{\alpha-1}z_t^{-\beta}-b(\alpha-1)(1-z_t)^{\alpha}z_t^{-\beta}$$
$$=b(1-z_t)^{\alpha-1}z_t^{-\beta}[(1-\beta)+(1-\alpha)(1-z_t)z_t]$$

显然，当 $0<\beta\leqslant 1$ 时①，$\dfrac{\mathrm{d}\tilde{P}_t}{\mathrm{d}z_t}>0$。

我们先计算确定性部分。根据全微分方程的性质可知 $\dfrac{\mathrm{d}z_t}{\mathrm{d}\tilde{P}_t}=\left(\dfrac{\mathrm{d}\tilde{P}_t}{\mathrm{d}z_t}\right)^{-1}$，与方程(3.3)对应则可求出 $f(\tilde{P}_t)=(1-z_t)^{1-\alpha}z_t^{\beta}/b[(1-\beta)+(1-\alpha)(1-z_t)z_t]$。引入随机项，那么农户劳动投入的随机动态演化方程即为：

---

① 本章只集中于讨论 $0<\beta<1$ 时的情况。因为考虑到我们案例和数据分析的目标是我国欠发达地区的农业改造问题，一方面我国家庭的土地规模都很小，$0<\beta<1$ 意味着劳动边际产量递减，这很符合实际情形，而且劳动边际产量递减是人们寻求其他生产方式的重要动机，这恰好吻合了本书的研究方向。另一方面，因为前面已经假定生产函数随 z_t 单调递增，那么根据传递性，在确定性情形下 $\dfrac{\mathrm{d}\tilde{P}_t}{\mathrm{d}Q_t}>0$，即价格上升，产量增加；价格下降，产量减少，这也很符合逻辑。同时，符号的正负还与 α 的取值无关，这避免了复杂的多参数情形的讨论。总而言之，做这样的一系列假设是比较合理且具有实际意义的。

$$\frac{\mathrm{d}z_t}{\mathrm{d}\tilde{P}_t}=f(\tilde{P}_t)+(n^{1-\theta}-n)\left.\frac{\partial z}{\partial P}\right|_{P=\tilde{P}_t}\frac{\sigma}{\sqrt{2\pi}} \tag{3.10}$$

下面来具体讨论不同的 θ 值对 z_t 与 $\tilde{P}_t$ 的变化率关系的影响：

当 $0<\theta\leqslant 1$ 时，取 $\theta=0.2$，α，β 都简单地设定为 0.7，价格冲击次数 $n=2$。我们根据方程(3.10)分别模拟价格上涨和下跌 1%的情形(参见附录图 3.A2—图3.A5)。①在其他参数相同的情况下，价格上涨时，劳动供给时间的变化率低于价格变化率(见图 3.A2)，甚至即使价格上涨，劳动供给时间下降(见图 3.A3)；②而价格下跌时，劳动供给时间的变化率却高于价格变化率(见图 3.A4、图 3.A5)。

图 3.3 是图 3.A2 和图 3.A4 数值模拟后的综合结果，③其纵坐标是价格或劳动力投入的环比波动率，横轴是时间。由该图可以看出，面临相同幅度的价格波动冲击，农户对负向冲击所作出的劳动力投入调整幅度更大。

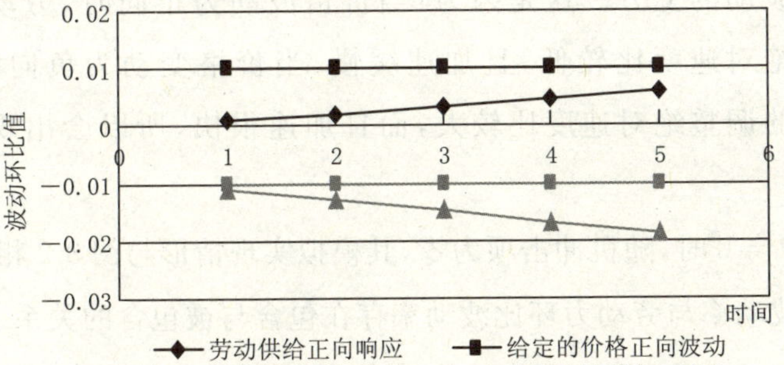

图 3.3 损失厌恶下劳动供给—价格变化环比图

① 以下模拟图和相应数据根据 MATLAB 程序得到，源程序参见附录中的 3A.2，相应的变化图参见附录 3A.3。

② 它取决于负向冲击项 $g(P)$ 相对于确定项 $f(P)$ 的大小。程序里我们通过改变系数 $\frac{\sigma}{\sqrt{2\pi}}$ 的赋值来调整，系数越大，$g(P)$ 的冲击效果显然就越强。图 3.A2 中的系数为 0.005，图 3.A3 中的取值为 0.05。所以出现了价格上涨，劳动供给时间反而下降的情况。

③ 当然，如果添加图 3.A3 和图 3.A5 的数据，非对称响应会更加明显。考虑到不希望负值太多的因素，图 3.3 中没有截取相关数据，这种处理不影响结论。

如果打乱数据安排顺序，将上述的数据源按价格上下波动进行随机组合，可得到下面的模拟图：

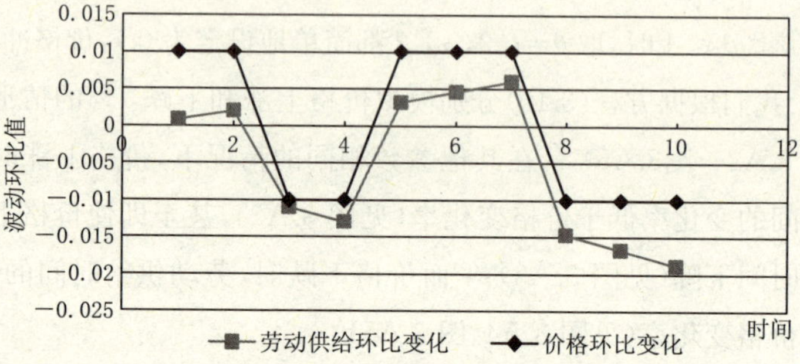

图 3.4　损失厌恶下劳动供给—价格变化环比情景模拟

图 3.4 具有一个明显特征：价格环比波动图一直保持在劳动投入环比波动的上方。这是因为：当价格波动为正向时，劳动力投入的调整绝对速度比较低，且加速缓慢，当价格变动为负向时，劳动力投入的调整绝对速度比较大，而且加速很快，所以会出现这样的情形。

当 $\theta = 0$ 时，随机冲击项为零，其模拟实现情形与图 3.2 相同，即价格环比波动率与劳动力环比波动率存在包含与被包含的关系。

当 $\theta < 0$ 时，设 $\theta = -0.2$，其他参数不变。得出的模拟效果见图 3.5。（为了使两种曲线的关系明显，将价格变化的最小单位定为

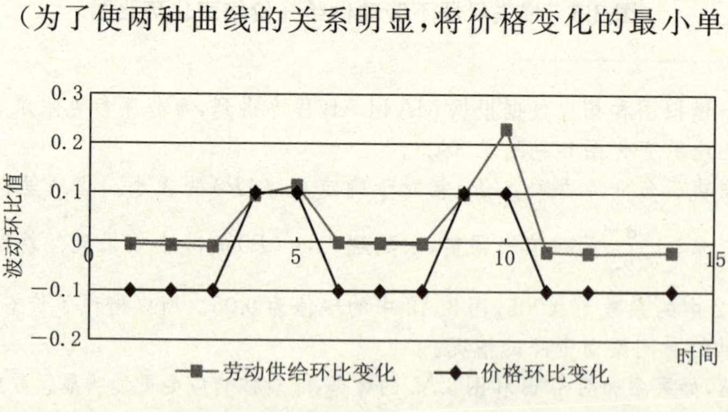

图 3.5　上涨喜好下的劳动供给—价格变化示意图

10%，劳动供给时间的初始值定为0.6，预期价格的初始点也定为0.6，下图的数据源来源于图3.A6与图3.A7所对应的数据。）

图3.5显示劳动投入环比波动曲线总在价格环比波动率曲线的上方。这与图3.4中的情形恰成一个对比。

3.4 数据与案例分析

将上一小节的结论应用于实际数据分析中需要明确农户劳动力投入与预期价格波动误差值。因为在对农业技术或产品的投入中，农户的劳动力投入大小一般与最后的农业产出成正比，所以我们可以用相应农产品产出变化率替代农户劳动力投入的变化率。另一方面，假定农户对每期农产品价格的预期依赖于上一期的价格，这样预期价格波动误差值变化率也就等于每一期农产品价格的环比波动率。

在分析农业数据的时候，我们把农产品粗略地划分为主要农产品（水稻和小麦）以及农副产品（主要考察水果和蔬菜）。水稻和小麦是传统农产品，技术简单，种类较为单一，储藏和运输费用相比农副产品要低，而且需求较为缺乏弹性，可以被归结为风险比较小，期望收入也比较低的传统农业技术。而水果和蔬菜等农副产品，虽然历史上一直被农民种植，但往往需要较高的知识水平和技术投资，储藏和运输费用也相对较高；①与此同时由于其种类繁多，市场需求具有较高的弹性，相比主要农产品而言科技含量更高，期望收益率也就比较高。因此水

① 城镇郊区的蔬菜水果的运输成本和市场风险会相对较小。但本书讨论的是广大远离发达城市的农村地区。这些地区若发展水果蔬菜种植，需要较远距离的运输，较长时间的储藏，以及更为分散畅通的销售渠道。况且这些地区的农民传统上以种植主要农产品为主，对生产农副产品特别是经济作物缺乏相关知识。

果和蔬菜可以被看作是具有较高回报和较大风险的农业新技术的代表。下面将集中分析农产品的价格环比与产量环比的关系，以检验本章模型的解释力。

3.4-1 农产品数据的三种对应表象

1. 1991—2007 年间水稻和小麦的“包含”表象

图 3.6 和图 3.7 是根据《中国统计年鉴》中的数据分别画出的我国水稻和小麦的价格—产量环比波动图。其中 1991—1999 年间水稻和小麦的价格波动曲线将产量波动曲线包含。这验证了本书模型的推论，即风险较小的农业技术，其产品的产量波动曲线与价格波动曲线会呈现出一方被另一方包含的形状。从图 3.6 和图 3.7 看，水稻和小麦都属于产量调整比价格调整慢的情形。

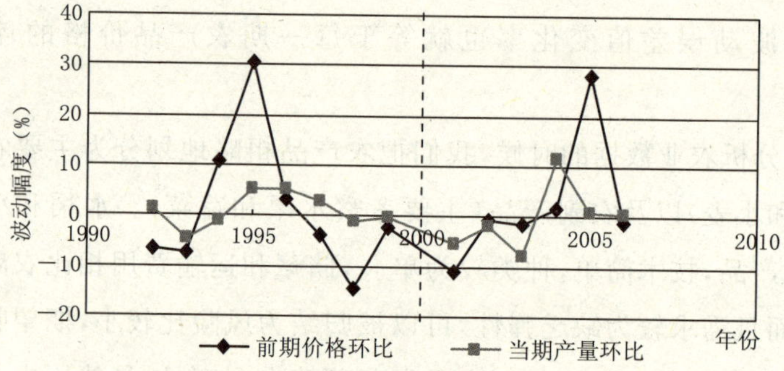

图 3.6 1991—2007 年我国水稻价格—产量变化图①

① 数据说明：本来水稻的产量和价格原始数据应该从 1978 年开始，但由于《中国统计年鉴》上的数据起始阶段有间隔，从 1985 年后才有每年的数据统计；另一方面，对通胀的统计从 1990 年开始才有连续的数据。因此，本书只好将 1990 年作为基准，环比波动趋势从 1991 年算起。另外，自 2000 年以后，《中国统计年鉴》不再公布农产品收购价格，这里水稻的价格以大米的价格计。由于价格环比和产量环比的起点需要从 2000 年开始计算，因此，2000 年的数据点缺乏。图 3.7 小麦的情况也与此相同。

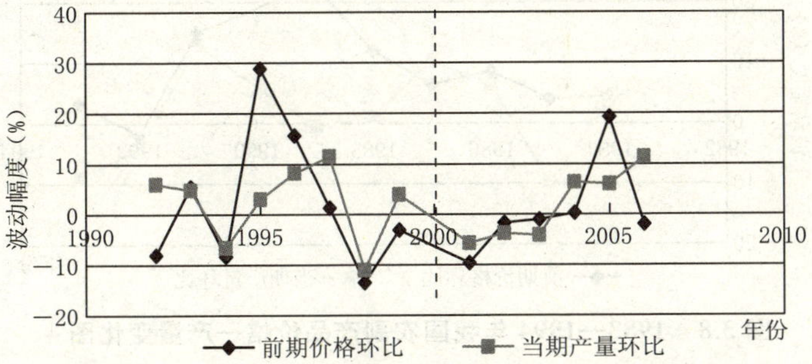

图 3.7　1991—2007 年我国小麦价格—产量变化图①

2000 年以后,统计数据发生了改变,《中国统计年鉴》只提供了水稻和小麦的产量,而不再公布它们的收购价格,后期的价格计算以大米和面粉的价格作为替代。粗略看来,除了 2004 年价格环比高于产量环比,其他年份,水稻和小麦的价格环比将产量环比包含在内,这与 1991—1999 年的包含关系相反。由于数据量较少,这只是一个猜测性的结论,有待继续观察。但不管是哪种包含关系,总体看来,水稻和小麦的价格—产量关系大体上满足 $\theta = 0$ 的情形。

2. 1994 年以前农副产品的“损失厌恶”表象

根据董全海(1996)一文中提供的数据推算 1983—1994 年我国农副产品的价格与产量环比波动曲线图(如图 3.8 所示)。除蔬菜水果外,农副产品还包括水产品、肉和蛋,等等。这些产品及其生产技术同样具有高风险和高回报的特征,可以归入农业新技术的行列。观察图 3.8,可以看到,除了 1987 年以外,价格环比数据始终占据在产量环比数据的上方,这符合本章模型所表现的 $0 < \theta \leq 1$ 的情形,说明农民对农副产品的生产持保守的态度。

① 数据说明:2001 年后的小麦的价格以面粉的价格计。除了 1998 年这一点外,其他年份都满足包含关系。

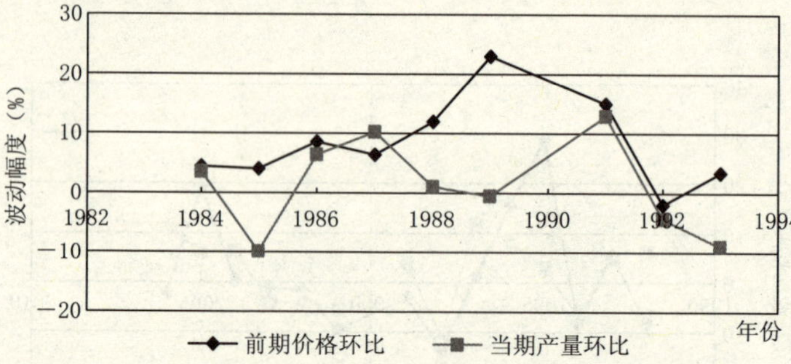

图 3.8　1983—1994 年我国农副产品价格—产量变化图①

3. 水果、蔬菜的“价格上涨喜好”表象

图 3.9 和图 3.10 是 1995 年至 2007 年中水果、蔬菜的价格和产量环比曲线。在这两幅图中，产量环比曲线都位于价格环比曲线之上（其中 2000 年的水果数据是个比较温和的例外）。同样符合本章模型中

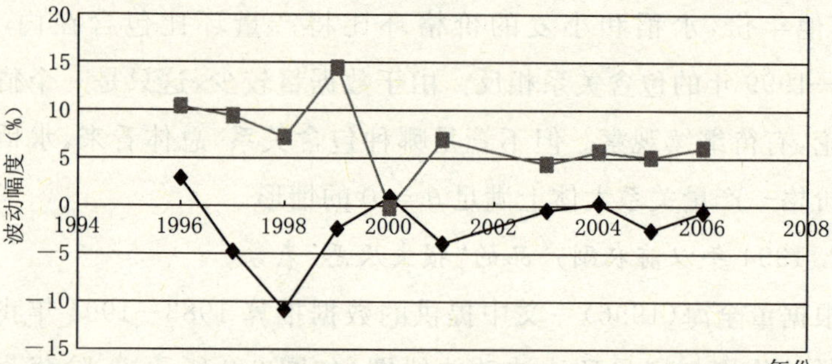

图 3.9　1994—2006 年我国水果价格—产量变化图②

① 数据说明：1994 年后国家统计年鉴不再统计农副产品价格与产值，这里的产量由产值/农副产品价格得出。二十世纪九十年代初期出现了高通货膨胀，1990 年这一年的价格环比数据从上年的 115 一下子降到 97.4。由于跳跃太大，作为奇异点本书予以排除。

② 数据说明：在计算价格环比时，剔除通胀因素而得到的“实际价格”环比波动可能会更有价值，本节的水果和蔬菜的数据做了这样的处理。我国 CPI 消费物价指数的连续值从 1990 年开始统计。2002 年全国水果产量约 6 952吨，到 2003 年产量出现一个巨大的增幅，一下增加到 14 517 吨，作为奇异点，将这一年份的数据剔除。

$\theta<0$ 的情形,即农户们对蔬菜和水果生产表现出积极和乐观的态度来,对损失风险的承受力相对较强。

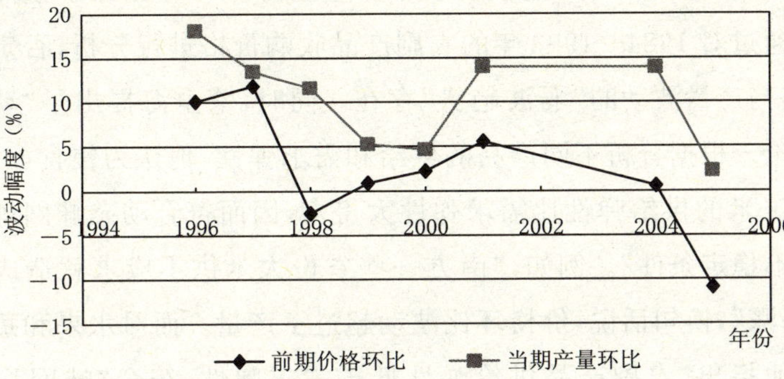

图 3.10　1996—2006 年我国蔬菜价格—产量变化图①

但是作为农副产品的主要成分,水果和蔬菜在 1995 年以后的数据表现为何正好与 1994 年之前的农副产品数据表现相反呢?这里我们需要考察 1994 年后蔬菜和水果的产量变化趋势。图 3.9 与图 3.10 是水果和蔬菜自 1994 年至 2007 年的产量曲线图。可以看出,水果和蔬菜的产量一直在稳步增长中。这一时期是自邓小平南方谈话后的经济稳定增长时期,经济增长后对水果蔬菜的需求便持续增加。而且全国公路建设发展迅猛,农副产品的交通成本迅速降低。一个重要的表现是,自 2001 年以后农民的收入提高迅速,但农副产品的价格却增长不快。交通成本的降低应该是主要原因。在众多原本远离城市的欠发达农村地区,农副产品的生产也从零散地种植转变为集中性的、大规模的专业化种植生产。这些情况的经济含义是,随着需求稳步上升,交通成本下降,水果蔬菜的市场范围不断扩大,农民对其回报的信心不断提高,所以表现出较强的对损失的心理承受能力。

4. 与现有研究结论的对比

关于农产品的价格—产量关系研究,陈志国、李惠茹(1996)曾在

① 数据说明:2002、2003 年蔬菜产量数据缺失。

《价格对农业发展的弱波趋势》一文中基于1978—1993年我国农产品数据提出过这样的结论:“农产品价格对农产品产量的弹性呈递减趋势”,价格波动剧烈而产量波动较小。董全海(1996)提出了强烈的反对,他通过对1984—1993年的农副产品收购价格进行分析,否定了收购价格与产量波动的“弱波趋势”存在。同时,董全海提出了“动态蛛网”理论。根据分析不同产品的供给和需求弹性,他认为粮食如大米、小麦、玉米的供给弹性比需求弹性大得多,因而符合动态蛛网理论的“蛛网不稳定条件”。例如,“南方一些省份大米供不应求就造成了粮价的暴涨”,换句话说,价格环比波动超过了产量。而对水果和蔬菜的分析,他指出,农副产品供给弹性低于需求弹性,符合“蛛网稳定条件”,供求均衡遭破坏后容易自动恢复均衡,这也就意味着,价格环比波动是低于产量的。

结合图3.6、图3.7与图3.8,我们会发现,只需要将主要农产品和农副产品分开讨论,以上两人的分析就没有根本性的冲突。因为陈志国文中选用了农产品综合指标做分析,它包括主要农作物和农副产品,而在当时主要农产品所占份额很大,农副产品所占份额较小,可以说,陈的分析实际上是体现了主要农产品(水稻、小麦)加总后的价格—产量走势情况,而董全海则是用农副产品波动图做反驳。根据图3.6与图3.7可知,在两位作者提及的年份里,水稻和小麦这两个主要农产品的价格波动高于产量波动,这符合陈文的观察,也和董全海提出的水稻、小麦满足蛛网不稳定条件没有冲突。

但董全海对农副产品波动情况分析是否正确呢?如果是农副产品满足蛛网稳定条件,只能说明价格环比波动包含于产量的环比之内。但图3.8没有表现出这样的包含关系。然而更有意思的是,此后我国水果和蔬菜的发展情况与董的分析更是完全不同,我们看图3.11和图3.12,它分别为水果、蔬菜的价格和产量定基比变化图。(根据可获得的数据,水果和蔬菜的产量以1994年为定基,价格以1995年为定基。)

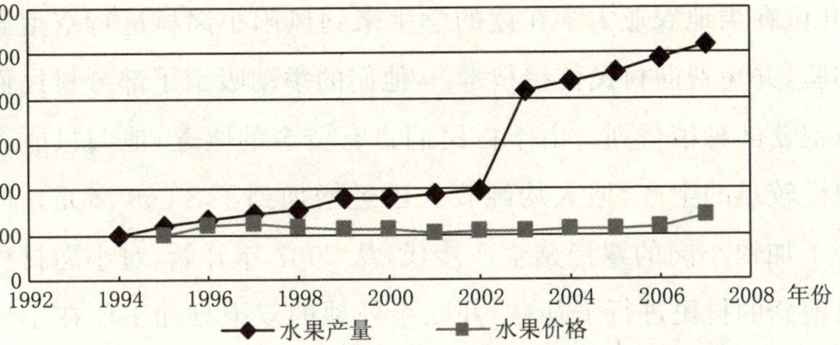

图 3.11　1994—2007 年我国水果价格—产量指数图

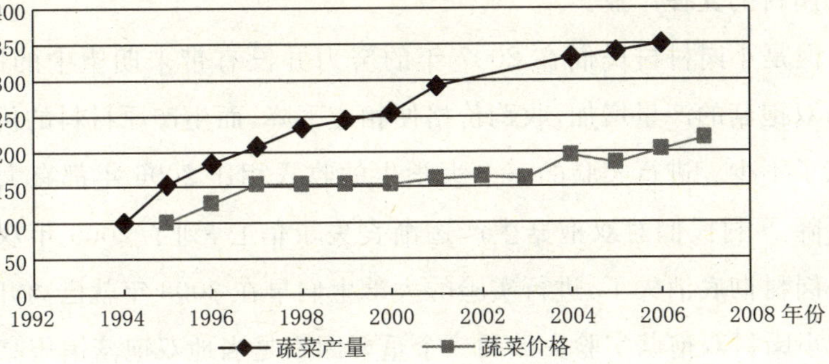

图 3.12　1994—2007 年我国蔬菜价格—产量变化图

观察图 3.11 和图 3.12，我们很容易看出，水果和蔬菜的价格变化不大，但其产量变化是非常惊人的。董文运用蛛网模型分析水果和蔬菜等农副产品的方法有待再考证。

3.4-2　小岗与恭城的个案比较分析

因为农业新技术涉及的产品种类繁多，以蔬菜水果概括有些过于简略，会遗漏掉某些重要的方面。因此，下面将以地方上对单个农产品技术的投资情况作个案分析，以进一步检验本章的理论。

1. 案例一：安徽省凤阳县小岗村的双孢菇实验

凤阳县的小岗村，因为是农村包产到户实践的发源地，一直备受各界关注。可是小岗村一直没有摆脱“温饱陷阱”，农民们仍然以种植传统农产品为主业。到 2005 年，村民年均纯收入仅 1 000 多元。2006

年，几位在当地农业大学在读的学生来到凤阳小岗村进行双孢菇的生产实验，并免费向村民传授技术。①他们的举动吸引了部分村民们加入到双孢菇的种植行列。由于村民们自有资金的匮乏，他们只能进行人均规模较小的生产，但人均纯收入已经增加到了2 000多元。地方政府为了加快小岗的双孢菇生产步伐，从2007年开始，对小岗村种植生产双孢菇的村民进行了补贴，并联系外地的双孢菇加工厂在小岗村开设双孢菇收购点。政府希望通过扩大小岗村的双孢菇生产，将其建设为小岗村的支柱产业。

但是小岗村村民们在2007年的努力并没有带来期望中的回报。因为双孢菇的产量增加，收购价格便相应下降，而生产原材料的价格却上涨了不少。进行实验的三个大学生的收入相比2006年都有大幅度的下降。②村民们对双孢菇生产逐渐丧失了信心，到了2009年双孢菇从小岗村彻底消失了，进行实验的大学生们早在2008年就已离开。

小岗村双孢菇实验失败的一个重要因素是当地双孢菇销售高度依赖外地加工厂的收购点。因此当双孢菇大幅度增产时，就会面临价格急剧下降的困局。这恰恰说明，当农户投身于集中化专业化生产某种农业新产品时，如果没有有效的销售渠道来减少风险和不确定性，农民们便会表现出很强的保守和怀疑态度，对价格下降的反应会很强烈。这对应着本书模型中$0<\theta<1$的情形。

小岗村的故事也说明，土地流转的制度性障碍不一定是如许多中国学者所认为的农村“温饱陷阱”的主因。因为在小岗村，土地租赁比较容易，发展双孢菇产业过程中从未发生土地流转纠纷。

2. 案例二：广西恭城大岭山村的红花桃种植

广西恭城大岭山村也曾是以传统农业为主的贫困地区，后来当地

① 双孢菇是一种农业作物，每年只需做一次性投入，当年秋季与次年春节便可以各收获一次。

② 小岗案例的细节，大学生收益具体情况介绍见附录3A.5。

开始大面积种植一种经济作物——红花桃。由于当地的生态环境适合红花桃的种植,人们的收入开始增加,但也面临过产量增加后价格迅速下跌的困境。笔者在恭城调研时发现,当地漫山遍野的水果无人看守,大量的人力物力被投入到开拓销售渠道上。当地人说,偷盗造成的损失,比起无法销售出去的损失要小得多。

因此,当地政府和一些领头人想到将产品进行分级的办法。好产品运到外地市场,较普通的产品引入北京汇源果汁加工项目予以消化。这样大岭山村的红花桃最终成为当地的支柱产业,也使得当地村民摆脱了“温饱陷阱”,享受到更高的生活水准。

3.4-3 对“温饱陷阱”问题研究的小结

回到本书一开始提出的“温饱陷阱”这一问题上。

首先,“温饱陷阱”一词,意味着以家庭为单位的传统农业生产无法解决我国的经济发展问题。但是,造成这种陷阱长期存在的原因到底是“家庭为单位”的生产模式有问题,还是只要选择“传统农业”就一定无法到达经济发展的要求呢?这需要分开讨论。

对于“温饱陷阱”产生的原因,在我的阅读范围内,目前还没有发现我国学者的原创性贡献,但研究方向基本上分为三类:一类认为是“农户自身的主观努力不够”(刘加模,2007),它属于“非理性”的理论分析范畴;一类认为是人地关系紧张的原因(赵海东,2007),这也是很多国外学者分析问题的起点,但那无法解释为何人地关系比中国还要紧张的日本(日本的人均耕地为0.6亩,而中国的人均耕地为1.1亩)农业的发达程度是如此的可观;还有一类认为目前的土地流转制度不畅既影响了人们对土地的长期投资,也无法有效降低农业人口,从而阻碍了农业生产的进一步增长并导致农业土地的低效利用,使我国的农村经济陷入一种“温饱陷阱”(蔡昉,2006)。我们前面说过,小岗村的土地租赁是非常容易的,在发展双孢菇产业的那几年里从没有因为土地流转产生过纠纷,而且双孢菇生产也不涉及对土地的长期投入问题,因而对小岗双孢菇失败案例的解释应该是另一个层面的问题。

第三类解释暗含这样一种逻辑，如果人均土地规模扩大，即使从事传统农业生产也是可以解决农业的持续发展问题的。这个结论的正确性目前无法验证，也和本书的逻辑起点不同。

本章采取的逻辑体系来源于舒尔茨的思想，即传统农业的改造必须引入新要素进行现代农业生产，否则其他形式的改变，不过是从一种均衡状态到另一种更高的均衡状态，并不能达到持续发展的目的，也就是说，没有引入新要素的传统农业生产就一定无法到达可持续发展经济的要求。另外，本书虽然承认以家庭为单位的生产方式有其局限性，但这不是必须要改变这种生产方式的理由，而是认为在此基础上引入合作机制是更合理的方式。正是基于这样的逻辑体系，本书试图另辟蹊径，从价格波动和市场环境对农户选择的影响这个角度来试图找出“温饱陷阱”的成因。

另外，选择这个研究方法也是基于“人们在考虑是否选择现代农业生产时，通常是要和传统农业生产进行比较的”。我们知道，除了自然条件的巨大差异性，不同国家对传统农业的支持策略也是很不一样的，比如我国的土地改革政策和主要粮食统一收购政策，这都是其他很多欠发达国家所不具备的，而这些因素恰恰是影响传统农业产出和收益的关键。因此，如果失去“传统农业”的这一重要参照，直接讨论我国现代农业的发展可能会抽象掉一些比较有意义的因素。

但我国的传统农业和现代农业生产的主要差异在哪儿呢？本书通过对价格的观察发现，在相当长的时期内，我国的水稻、小麦等主要农产品是由全国统一收购的。2004 年后采取了竞争收购的机制对农户是利好消息，国家收购价可以作为销售的保底价，而经济作物的供给需求完全依照市场规律行事。

还值得注意的是，和经济作物相比，传统农产品耐储藏，而且传统农业的生产过程对地域特征的要求不太明显，故而销售时对交通的要求也不高。如果还有价格保护，那么除了自然风险外，生产传统农作物几乎没有其他风险。产量是家庭收入的决定因素，人们无须考虑市场真实的供给需求情形，只需根据给定价格调节生产计划即可，价格高多生产，价格低就少生产，或者转向其他农副产品生产。

经济作物的风险和不确定性就大得多。它难储存的特点使得一旦在较短的时间内产品无法销售出去，就很容易造成巨大损失。产业发展到一定规模以后，销售（而不是产量）才是决定收益的关键因素，①而这些都反应在产品的价格波动上。

因此，从价格波动和市场环境的角度研究“温饱陷阱”问题成为本书研究的立足点。果然，“损失厌恶”现象的存在和交通状况改善后水果和蔬菜产量增加很快都纷纷印证了本书的研究结论。

农产品销售价格受市场规模大小的影响，但是，便利的交通环境只是扩大市场规模的必要条件而非充分条件。销售不是一个家庭内部决策就可以解决的问题。这促使本书进入下一步的研究。

3.5 本章总结

本章通过构建一个农民在价格波动下的劳力投入调整模型，对我国农业实践中观察到的多种现象作了统一的描写，并以此分析了我国农村地区的“温饱陷阱”的成因。本书认为，农户对生产技术的选择，除了预期收益率和价格风险外，还依赖于农户对技术风险的态度。农户可能会有两种态度，一种是对可能的损失非常敏感，以尽量不遭受损失为前提，对新技术可能带来的高收益却不是很重视。另一种是乐观的态度，重视可能的收益，并接受可能的损失。而农户的态度转变依赖于单纯农业生产之外的众多因素，比如交通运输成本、销售渠道，以及农户对新技术的了解，等等。

与传统农业不同之处在于，现代化农业通常以专业化、特色化的农

① 前面提到的恭城漫山遍野的水果无人看守的情形就是个验证。

业生产为主。其特点是需要较高的专业化水平，并和生产技术、交通运输、销售渠道等因素紧密相连。这些特点决定了单个农户对农业生产技术所作出的反应。要使中国农村走出“温饱陷阱”，一个必要条件是推广现代化农业，提高农业的生产技术水平。而新技术的推广与采纳，和改善交通运输、销售渠道等外部环境是分不开的。只有改善市场环境，才能有效缓解价格落差对人们的冲击，降低农民的后顾之忧。但这些公共服务的提供不是农民个人可以完成的，需要农民之外的社会组织，主要是政府和农民合作组织来完成。因此，理解当前中国地方政府和农民合作组织的行为逻辑，是解释“温饱陷阱”的基本前提，也是后面两章的主要内容。

附录

3A.1 我国城乡收入差距简介

自 1978 年改革开放至今 30 年的时间里，通过建立以家庭联产承包责任制为核心的农村综合改革，使得在 20 世纪末，中国用占世界

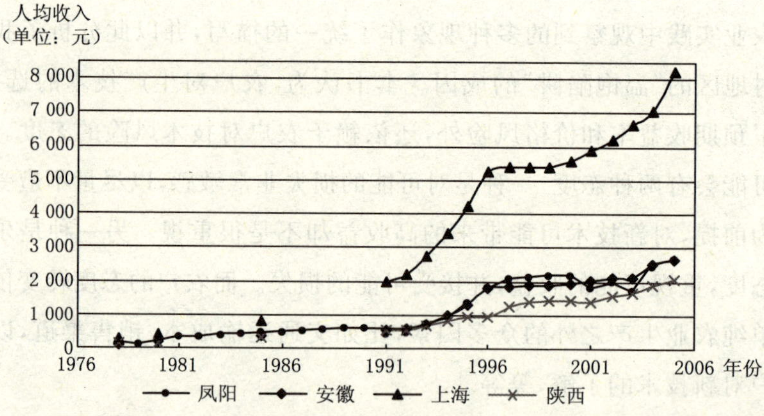

数据来源：国家统计局及凤阳县统计局。其中国家统计局部分数据在年份上有少许冲突。如 1990 年和 1991 年的年份数据重合。

图 3.A1 各地区及凤阳县农村居民人均收入比较

7%的土地解决了占世界22%的人口的温饱问题。然而现如今，除了东部地区的部分农民借助改革开放的东风，利用工业快速发展的机会极大地提高了收入水平外，中西部的绝大部分农民仍然在“温饱有余，富裕不足”的状况中徘徊。

图3.A1刻画了我国自1978—2005年①的农村居民人均收入变化情况（其中上海作为东部的代表，安徽和陕西作为中西部的代表）。拿2005年来说，上海地区的农村居民人均收入已经超过了8 000元，而安徽及下属的凤阳县和陕西的人均收入还不到3 000元。不仅仅是地域之间存在巨大差异，从全国的平均水平看，近年来城乡居民收入差距也在进一步扩大。不考虑价格因素，全国城乡居民收入与农村居民纯收入之比已经从1978年的2.56∶1扩大到近年来的3.2∶1（2003年至今），而收入差的绝对值也从1978年的210元左右逐年上升至2006年的8 172元之多。②转型期我国农民收入增幅缓慢和相当一部分农民收入水平相对下降已成为不争的事实。

3A.2 源程序

```
function [I,z,t,t1] = labor1004(alpha, beta, theta, p0, n, steps, dp, prange)
    (% n for shocks number in a step, dp is change percentage of prices, prange是价格变化范围，例如[0.8 1.2].)
    t = linspace(0,steps,n * steps);
    t1 = linspace(0,steps,steps);
    p = p0 * ones(1,steps + 1);
    f = zeros(1, steps);
```

① 注：本书之所以选取数据到2005年而不是2007年，是因为安徽凤阳县的一些统计数据是笔者在2006年挂职凤阳县县长助理期间，从凤阳县统计局所取得的，现在如果将数据扩充到2007年不再方便。

② 数据来源：经过对国家统计局公布数据的计算。

```
I = f;
z = zeros(1,n * steps);
g = z;
z0 = .6;(初值赋值)
z(1) = z0;
b = alpha/beta;
f(1) = 0;
for i = 2:steps
      p(i+1) = p(i) * (1 + dp);
      if p(i+1)>p0 * prange(2)
            p(i+1) = p0 * prange(2);
      elseif p(i+1)<p0 * prange(1)
            p(i+1) = p0 * prange(1);
      end
  f(i) = 1/(b * (1 - z(i * n - 1))^(alpha - 1) * z(i * n - 1)^( - beta) * ((1 - beta) + (1 - alpha) * (1 - z(i * n - 1)) * z(i * n - 1))) * dp * p0;
      for j = 1:n
            k = n * (i - 2) + j + 1;
  g(k) = 0.005 * (k - k^(1 - theta)) * 1/(b * (1 - z(k - 1))^(alpha - 1) * z(k - 1)^( - beta) + (1 - alpha) * (1 - z(k - 1)) * z(k - 1));(这里的 0.005 是本书对系数的一个赋值,它可以调整)
            z(k) = z(k - 1) - g(k);
            if z (k)>.9
                  z(k) = .9;(给劳动供给一个上限)
          elseif z(k)<0.1
                  z(k) = 0.1;
          end
```

```
end
z(n*i) = z(n*i-1) + f(i);
    if z(n*i)>.9
        z(n*i) = .9;
    elseif z(n*i)<0.1
        z(n*i) = 0.1;
    end
    z1(i) = z(n*i);
    t1(i) = t(n*i);
    I(i) = (Q/2-z(n*i)/3)*z(n*i)^2*p(i);

G(i) = (Q-z(n*i))*z(n*i)*p(i);
end

    plot(t,z,'-',t1,p(2:end),'-.');
```

3A.3 数值模拟图

我们将按照第 3 章的行文顺序依次给出模拟图:

图 3.A2 为价格上涨 1%时的情形,图 3.A4 为价格下跌 1%时的情形,其他参数相同,这里的系数 $\frac{\sigma}{\sqrt{2\pi}} = 0.005$。

根据程序设置我们取 $\theta = 0.2$,α,β 都简单地设定为 0.7,价格冲击次数为两次①(其他参数初值设定见附录 3A.2 的源程序)。由于我们要考虑同样的价格上涨幅度,劳动供给的上涨幅度的变化情况,也就是各自的环比,因而为了便于直观比较,我们将价格和劳动供给时间的起

① α,β 等参数的不同取值,只是影响曲线变化的幅度,不会影响其形状。

始点都设为 0.8。从图 3.A2 两个曲线的斜率可以看出，劳动供给时间的变化率低于价格变化率是很可能发生的。

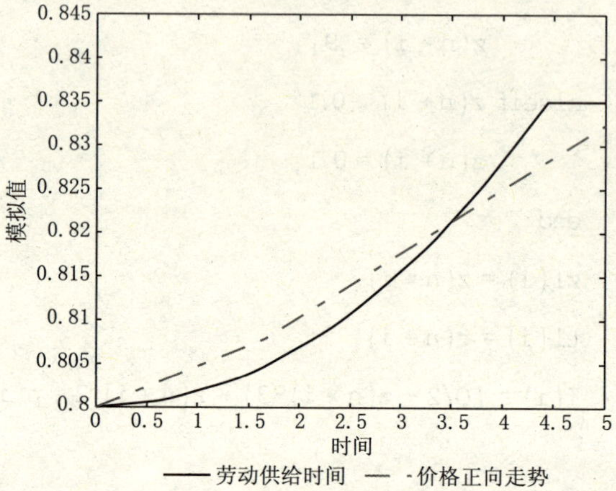

图 3.A2　损失厌恶—价格上涨情形下的劳动供给—价格变化示意图

另外，如果负向冲击很强，即使价格上涨，劳动供给时间却还可能下跌。我们看图 3.A3，此时系数 $\frac{\sigma}{\sqrt{2\pi}} = 0.05$。

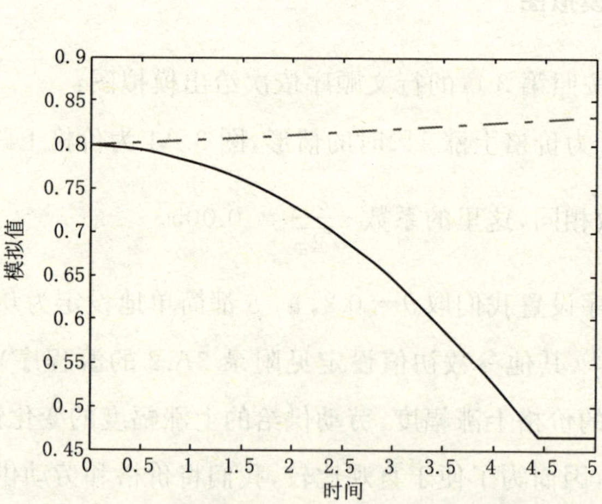

图 3.A3　损失厌恶—价格上涨情形下的劳动供给—价格变化示意图

然而,与图 3.A2 同样的参数,当价格下跌同样的幅度 1%时,图 3.A4 中劳动供给时间的变化率却很可能高于价格变化率;而对于图 3.A5 而言,与图 3.A3 同样的参数,劳动供给时间下跌幅度非常之大,远高于价格变化率。

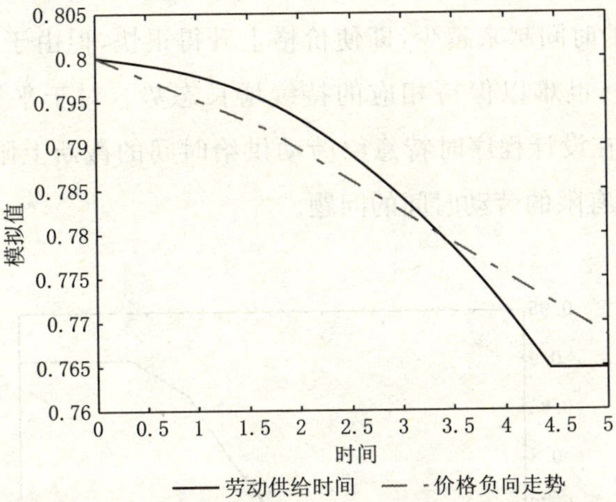

图 3.A4　价格下跌—损失厌恶情形下的劳动供给—价格变化示意图

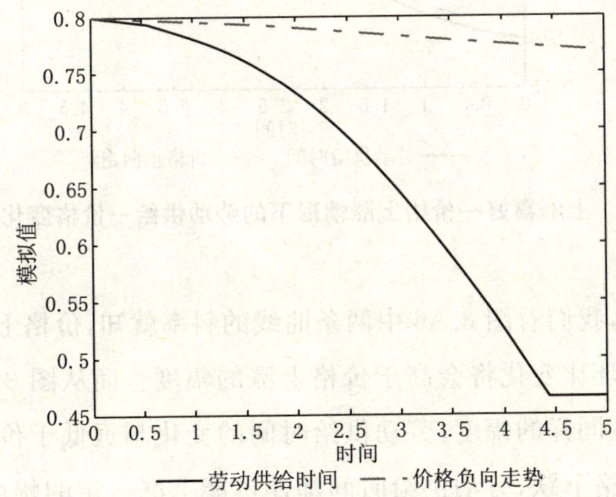

图 3.A5　价格下跌—损失厌恶情形下的劳动供给—价格变化示意图

当个体表现出对价格上涨有着强烈的喜好时，即 $\theta<0$。我们给出的示意图如下：此时 $\theta=-0.2$，为了加强效果，将价格变化定为10%，劳动供给时间和价格的起点为0.6，其他参数未变。

在图3.A6的最右端出现一段拐弯的原因是，在效用函数里，闲暇占有一定的比重，它与收入有一定的替代作用。随着劳动时间的不断增加，闲暇的时间越来越少，即使价格上升得很快，但由于个体的总劳动时间有限，也难以保持相应的持续增长态势。对于平行的那一段0.9，是因为在设计程序时特意给劳动供给时间的截断上限，也是因为考虑到只有有限的劳动时间的问题。

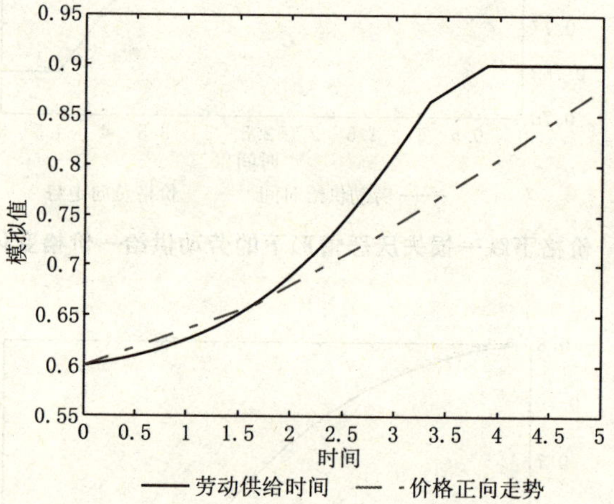

图3.A6 上涨喜好—价格上涨情形下的劳动供给—价格变化示意图

同样的，我们看图3.A6中两条曲线的斜率就知，价格上涨时，劳动供给时间的环比变化将会高于价格上涨的幅度。而从图3.A7我们知道，价格下跌同样的幅度，劳动供给时间的变化却远低于价格的变化；甚至即使价格下跌，劳动供给时间却还可能上涨一定的幅度。这取决于 θ 的大小，θ 的绝对值越大，这种情况越容易发生。图3.A8给出了相应的图形，该图中 $\theta=-0.8$，其他参数不变。

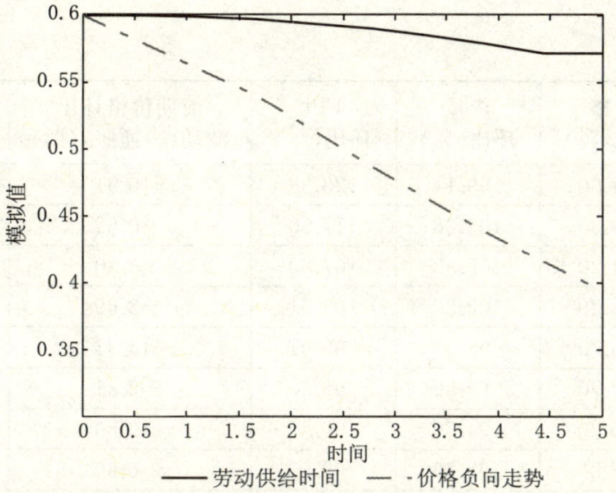

图 3.A7 上涨喜好—价格下跌情形下的劳动供给—价格变化示意图

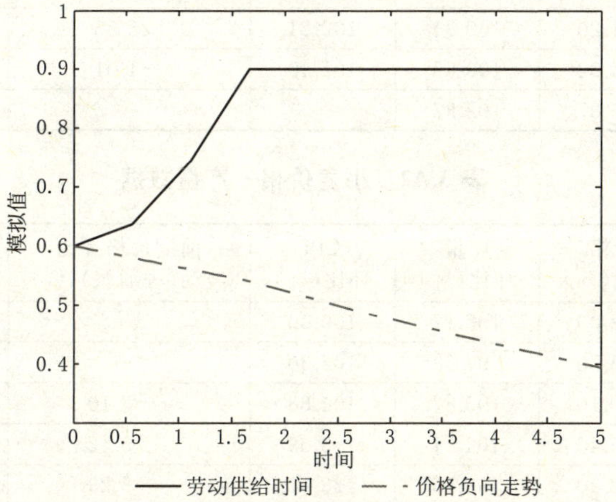

图 3.A8 上涨喜好—价格下跌情形下的劳动供给—价格变化示意图

3A.4 相关数据

表 3.A1 水稻价格—产量数据

年份	价格 环比(%)	产量 环比(%)	CPI 环比(%)	前期价格环比 波动(去通胀)(%)	当期产量 波动(%)
1990	92.60	105.11	100.00	—	5.11
1991	95.90	97.09	102.30	—	−2.91
1992	97.40	101.31	104.68	−6.40	1.31
1993	124.60	95.32	113.69	−7.28	−4.68

（续表）

年份	价格环比(%)	产量环比(%)	CPI环比(%)	前期价格环比波动(去通胀)(%)	当期产量波动(%)
1994	154.00	99.11	123.38	10.91	−0.89
1995	120.80	105.28	117.50	30.62	5.28
1996	104.20	105.33	107.89	3.30	5.33
1997	88.20	102.89	102.51	−3.69	2.89
1998	96.70	98.99	99.01	−14.31	−1.01
1999	87.70	99.89	98.50	−2.31	−0.11
2001	100.20	94.50	100.80	−10.80	−5.50
2002	98.30	98.29	99.59	−0.60	−1.71
2003	103.13	92.05	101.59	−1.29	−7.95
2004	133.16	111.47	104.81	1.54	11.47
2005	101.20	100.84	102.21	28.35	0.84
2006	104.32	100.63	101.49	−1.01	0.63
2007	105.37	102.37	—	—	2.37

表 3.A2 小麦价格—产量数据

年份	价格环比(%)	产量环比(%)	CPI环比(%)	前期价格环比波动(去通胀)(%)	当期产量波动(%)
1990	92.00	108.17	100.00	—	—
1991	94.20	97.68	102.30	—	−2.32
1992	110.10	105.87	104.68	−8.10	5.87
1993	105.40	104.71	113.69	5.42	4.71
1994	152.20	93.35	123.38	−8.29	−6.65
1995	133.10	102.93	117.50	28.82	2.93
1996	109.20	108.18	107.89	15.60	8.18
1997	89.00	111.50	102.51	1.31	11.50
1998	95.80	89.00	99.01	−13.51	−11.00
1999	88.90	103.79	98.50	−3.21	3.79
2001	99.10	94.22	100.80	−9.60	−5.78
2002	98.50	96.18	99.59	−1.70	−3.82
2003	101.80	95.79	101.59	−1.09	−4.21
2004	124.10	106.32	104.81	0.21	6.32
2005	100.20	105.97	102.21	19.29	5.97
2006	99.70	111.31	101.49	−2.01	11.31
2007	107.30	100.77	—	—	0.77

表 3.A3 农副产品价格—产量数据

年份	价格波动环比(%)	收购总额(亿元)	产量环比(%)	前期价格波动(%)	产量波动(%)
1983	104.40	980.60	100.00	—	—
1984	104.00	1 055.90	103.54	4.40	3.54
1985	108.60	1 033.20	90.10	4.00	−9.90
1986	106.40	1 169.90	106.42	8.60	6.42
1987	112.00	1 444.10	110.21	6.40	10.21
1988	123.00	1 794.20	101.01	12.00	1.01
1989	115.00	2 053.70	99.53	23.00	−0.47
1990	97.40	2 258.60	112.91	15.00	12.91
1991	98.00	2 453.20	110.83	−2.60	10.83
1992	103.40	2 427.50	95.70	−2.00	−4.30
1993	113.40	2 506.00	91.04	3.40	−8.96

表 3.A4 水果价格—产量数据

年份	价格环比(%)	产量环比(%)	CPI 环比(%)	前期价格环比波动(去通胀)(%)	当期产量波动(%)
1994	100.00	100.00	123.38	—	—
1995	120.40	120.42	117.50	—	20.42
1996	103.10	110.40	107.89	2.90	10.40
1997	91.70	109.38	102.51	−4.79	9.38
1998	96.60	107.14	99.01	−10.81	7.14
1999	99.40	114.39	98.50	−2.41	14.39
2000	96.00	99.80	99.90	0.90	−0.20
2001	100.30	106.95	100.80	−3.90	6.95
2003	101.83	208.82	101.59	−0.50	4.42
2004	102.24	105.67	104.81	0.24	5.67
2005	101.60	105.08	102.21	−2.57	5.08
2006	121.47	106.09	101.49	−0.61	6.09
2007	100.09	106.05	—	—	6.05

表 3.A5　蔬菜价格—产量数据

年份	价格环比(%)	产量环比(%)	CPI 环比(%)	前期价格环比波动(去通胀)(%)	当期产量波动(%)
1994	100.00	100.00	123.38	—	—
1995	127.60	154.94	117.50	—	54.94
1996	119.70	118.10	107.89	10.10	18.10
1997	100.00	113.47	102.51	11.81	13.47
1998	99.90	111.64	99.01	−2.51	11.64
1999	100.70	105.27	98.50	0.89	5.27
2000	105.50	104.66	99.90	2.20	4.66
2001	101.40	114.00	100.80	5.60	14.00
2004	93.87	113.93	104.81	0.60	13.93
2005	110.40	102.20	102.21	−10.94	2.20
2006	108.24	103.46	101.49	8.19	3.46

3A.5　小岗村双孢菇发展概况

2006 年，三个在当地农业大学在读的大三学生进入凤阳小岗村，带来新技术——双孢菇种植(一年一次性投入，两收，先秋后春)，并且免费传授技术。当时由于启动资金不足，菇农的双孢菇生产规模平均都很小，一般一人种植 2—3 个草棚。地方政府在看到双孢菇的发展潜力后，乘势而上，对菇农的创业资金缺乏问题给予了极大的支持，比如每建一个新棚直接补贴 6 000 元等，希望将双孢菇打造成小岗村的支柱产业，快速解决村民的致富问题。一年后，更多的农户参与了进来，当地的草棚量迅速增加到了 200 多个。为解决双孢菇种植规模快速发展后的销售问题，当地政府还积极联系外地的双孢菇加工厂，在当地建立了一个收购点，方便菇农卖双孢菇。小岗村的双孢菇收益到底如何呢？我们来看一组数据。

表 3.A6 凤阳县小岗村大学生种植双孢菇收益图

年 份	姓名	秋 菇		春 菇		总利润（元）
		产量（斤）	均价	产量（斤）	均价	
2006 年秋—2007 年春	王中华	2 300	3 元/斤	1 150	2.8 元/斤	10 120
	徐加友	4 000	3 元/斤	1 800	2.8 元/斤	17 040
2007 年秋—2008 年春	王中华	4 500	2 元/斤	1 800	1.8 元/斤	12 240
	徐加友	3 000	2 元/斤	1 000	1.8 元/斤	7 800

2006 年双孢菇价格不错，小岗村的大学生王中华收获了 1 万元。根据历史价格，他制定了相应的贷款与还款计划，第二年他扩大了生产规模，棚子的数量从 2 个增加到了 3 个。从表 3.A6 我们发现，第二年王中华同学双孢菇的年总产量同比增加了 83%，他的毛收益率却只增加了 21%。相同的产量在一年前他应该收获 1.85 万元，如今他实际只获得 1.22 万元，少了 6 000 多元，同时他的成本还提高了 1 000 多元，增加的一个棚子并没有给他带来多大的收益。对于减产的徐加友同学，情况更是糟糕，年总产量减少了 31%，却使得他的毛收益率剧减了 54%。调研发现，双孢菇的收购价一直为市场价的 60%。这次价格走低源于市场的大量供给，2007 年不仅凤阳县内，周边地区都涌现了大量的菇农，总产量的急剧增加造成当地市场供大于求，价格下跌厉害，而原材料需求的急剧增加造就了第二年成本的提高。

第三年是否还要继续扩大双孢菇的生产规模？菇农们是迷茫的。第一年收入不高，可以归结为规模不够所以收入低；第二年，产量那么高收入仍然上不去，那第三年产量还要不要再增加？——降低产量收入会更少，但是如果人人都靠提高产量来弥补损失，明年的市场供给会更多，价格就可能会更低，说不定到时候还可能会增产减收。在经过一番思考后，曾与王中华同学一起创业的几个大学生逐步退出了双孢菇行业，离开了小岗村。

原本大学生打算双孢菇生产到达一定规模后，扩大产业链，集体建立双孢菇加工厂。但由于贷款制度的限制，①大学生无法获取更多贷款，当地农民也没有集体组建加工厂的愿望。2007 年的双孢菇价格的动荡极大地影响了农民的收入，使得当地菇农对双孢菇的未来失去信心。虽然当地政府继续给予支持，村民仍没有愿望去扩大生产规模。双孢菇的后期发展规划从此落空。2009 年，随着大棚的折旧，双孢菇产业从小岗村消失了。虽然至今为止，农民们都承认双孢菇行业（在产出最低年份，每亩地上的双孢菇产出收益约为 1 000 多元）确实能获得比单纯农业生产（当地的租金为 450—550 元之间）更高的收入，但所有人都失去了当时的热情。菇农们形容双孢菇产业为“鸡肋，食之无味，弃之可惜”。

小岗村的双孢菇发展是我国欠发达地区尝试现代农业生产的一个“缩影”。有了传统农业生产的参照，对于一个全新的产业，价格的巨大波动尤其是下跌所带来的负面影响容易让农户产生“损失厌恶”心理，一方面，这种不确定性让其无法规划下一次的生产计划，不如传统农业生产安全省心。另一方面，来自外部市场竞争的激烈程度也是他们无法掌握的，方便的交通是一把“双刃剑”，它能将产品运送出去，以突破当地市场规模的限制，它也能将外界的竞争带进来。

① 大学生没有任何抵押物，也没有当地户籍，在已有的规章制度下，申请贷款较困难。

4

集中投资与区域竞争绩效的动态模拟：不同市场规模下农业投资策略的演化

我国地方政府对现代农业经济的支持与投入，常常以鼓励、引入和扶植大规模专业化、特色化的农业生产经营项目为主，其农业发展的逻辑往往是通过数量的扩张，形成规模经济或造就品牌效应。在实践中我们观察到，成功发展出规模化、专业化与特色化的现代农业的地区，地域和自然条件的优势似乎并不明显，欠发达地区和发达地区都存在成功的案例，倒是在政策扶持上存在着共性。总体看来，不少地区现代农业的政策与经济投入的成效不大，它们为发展现代农业设立的各种项目，投入的各种资源，往往没有收到什么实效。

为什么地方政府扶植现代农业的政策绩效会有这样的差别呢？本章以博弈理论为分析工具，将市场规模大小作为投资收益的参数，通过对比集中化农业投资经营和多样化农业投资经营的动态演化模拟结果，试图解释现代农业发展的地区性差异，以及地方政府政策的绩效差异。

4.1 引言

现代农业一个重要特征是集中化、专业化经营：大批的农民放弃原有的粮食、蔬菜种植以及少量的家禽、家畜养殖的模式，集中经营于某一类农产品。农产品交易也从小范围的县域买卖，走向了跨地区的大规模大范围经营，充分利用规模优势和专业分工带来的经济效益。通常，这种集中化专业化表现为某一地区（村、乡、县、市、省）集中投资经营一种农产品。中国的农业现代化问题，一个重要的方面，就是地区农业经济能否从原有的分散性、多样化的传统农业生产，逐步转向集中化，专业化的现代农业生产。

为什么地方政府扶植集中化农业经营的政策效果往往不尽人意？本书认为，这是因为在地方政府的政治激励机制与农业的投资特性之间存在矛盾。一般来说，在扶植目标的选择上，越是上规模、上档次的经济发展项目越容易成为地方政府的政绩亮点。因而政策制定倾向于以形成规模经济，造就品牌效应为目标。政府官员们热衷于扶持龙头农业加工企业，偏爱类似于“一乡一品”之类的农业发展规划。但是，规模经济、集中投资并不一定就会带来更高的经济收益。集中投资而产出的大量单一农产品如何被市场消化，成为一个难题。如果面临其他地区在同样的农业项目上的竞争，则原有的期望收益还会大幅度下降。此外，政府在扶植手段上，以提供资金、技术与政策支持为主要手段，有可能改变当地农户的投资决策。

从资金支持角度看，地方政府每隔几年就要换届选举，原有的对集中投资经营项目的扶持是否在新的领导班子里得以持续还是个疑问。

从技术支持角度看，由于地方政府的任期限制，他们不仅关注农民对现代农业的接受率也关注农民的接受速度。现代农业的接受速度通常与两个因素有关。第一，作为需求者农民是否具有较高的文化水平。第二，农业新技术是否容易获取。因此，如何解决农民的教育和技术的供给问题是现代农业得以快速发展的前提。

在凤阳的实践中，我们发现，农民普遍文化水平不高，对其进行直接投资教育费用太高。因此在实际操作中，结合农民在接受现代农业技术上表现出“愿意直接模仿赢家，不愿间接培训冒险”的特点，我们首创了引入农学专业的大学生到小岗、大王府等村庄和农民一起生产生活，给村民传授现代农业技术，带领他们一起创业的办法来替代“对农民直接进行人力资本投资”。引入掌握了现代农业技术的大学生入住农村，手把手与村民共同从事现代农业生产，不仅成本低，效果还比直接培训大批农民要好得多，实践证明，农民本身也欢迎这种模式。当然，其他地方采取的能人带领等模式也都比较好地解决了农民文化水平偏低而引起的发展瓶颈问题。

我们知道，在我国，地方政府是现代农业技术供给和推广的主体。技术需求者农户和技术“产出者”科研机构及教育部门之间缺乏有效的互动。①然而，技术的种类很多，对应产品的性质和收益情况也各不相同。地方政府不可能满足每个农户的技术要求，它只能根据其政绩目标和历史经验，提供有限的技术。并且前面提过，“数量扩张”是地方政府的目标，那么基于公平和更大规模的愿望，只要普通农民有技术需求，他就能免费得到地方政府提供的技术。这就是说，我国地方政府提供的农业技术是一公共品。②

① 本章的附录4A.1将会简要介绍我国农业技术发展历程，并解释地方政府成为技术供给主体的原因。

② 长期以来，我国农业技术主要由国家出资进行研发及推广，农业科研院所和高等院校进行研究与开发，农业企业、社会、农民无偿或低偿使用和受益，它在地区内的传播是无壁垒的。另外，农业技术成为一种公共品还有个主要的原因是，和工业技术相比，它往往很难维护其知识产权，农户往往通过观察他人的行为就能较容易地模仿。这也从一个侧面解释了为何我国农业研究机构或私人企业只热衷于提供种子的原因。

4.2 分析方法的选取

如何处理农业技术的公共品性质是建模的难点所在。在常见的产业组织理论体系中，技术是阻止现有和潜在的竞争对手侵蚀利润的重要壁垒。

我们通过表 4.1 将本书采用的理论与传统的企业理论进行一简要对比。

表 4.1 企业能力理论与动态能力理论比较

理论类别	对市场条件的认识	竞争的优势	对资源的认识	战略重点	战略的特性
企业能力理论	相对稳定、线性可测	难以模仿的技术	持久的核心能力	培养、利用和提升核心	长期性、稳定性
动态能力理论	无序、突变、不可预测	应变能力	系统整合能力	快速、敏捷地打破均势	短期性、不定性、异质性

而在我国，农民除了学习成本以外，他们之间的竞争没有受到多少技术壁垒的影响。这就造成了农业中“跟风投资”盛行，一旦某种作物或者生产技术表现出优势，就会出现大量的仿效者，使得先行者的经济收益迅速下降。这种情况，与戴维尼（D'Aveni，1994）最早提出的“超级竞争”（hyper competition）理论非常吻合。超级竞争理论认为，长期的经济增长需要通过四个方面来维持：第一，降低成本与提高质量；第二，技术壁垒；第三，雄厚的资金；第四，根据时机调整投资策略。当前三个方面的条件不能满足时，经济决策者需要根据时机不断调整投资策略。具体到中国农业，第二方面与第三方面的条件各地区的农业经营者不具备。第一方面所强调的降低成本与提高质量，要想带来持续的利润，不能只靠某一地区农户自身的努力，还要依赖于技术创新。如果没有持续的创新，来自其他地区农户的竞争与模仿会使超额利润迅

速消失。所以,只能从第四方面,即相机选择投资策略的角度来分析地区的农业经济选择。

地区农业经济的投资策略,从农业的集中化、专业化发展的角度看,基本上可以分成集中性投资与分散性投资两种。集中性投资的优点是可以发挥规模优势,生产产量比较高;弱点是当地的市场规模无法消化,需要开拓潜在市场。分散性投资则相反,每种产品的产量相对比较低,当地的市场比较容易消化;缺点是由于不能利用新技术和专业分工,总的经济效率比较低。此外,地区农业经济还有一种可行的投资策略,即试错策略:由当地农户先进行分散投资,然后再选择其中最成功的一种进行集中投资。这种投资可以获得专业化收益,减少风险,但会因为试错过程而造成额外的费用。

从建模的角度入手,决定地区农业投资策略绩效的外部因素,从供给方来看,主要是其他地区的竞争。竞争会造成占优的经济决策从少数地区到其他地区逐渐扩散,而相应的各种市场条件也相应变化,直到最后形成稳定的均衡。演化博弈可以比较好地刻画这个过程,所以被用为本章模型的数学基础。Roch Parayre 和 Dileep Hurry(2001)建立的超级竞争模型也是基于演化博弈的。本章模型受到了这个模型的影响,但与之有本质的不同。

决定地区农业投资策略绩效的需求面因素,主要是市场规模。因为集中投资某种农产品会造成其产量大幅度增加,超过当地市场的容纳能力。如果不能开拓新的市场,农产品只能贱价出售,使集中投资的回报猝然降低。在地区农业的决策投资中,市场规模是最重要的外部因素。因此,本章模型将其作为地区农业投资决策的基本条件。在具体建模过程中,我们把市场分成当地市场与潜在市场。当地市场是农产品传统上的销售市场,可以吸收分散投资策略产出的各种农产品;而集中投资产出的农产品则需要潜在市场消化。这两种市场的大小,部分决定了不同地区的投资策略演化路径。

4.3 不考虑试错策略的演化博弈

4.3-1 模型的基本假设

为了分析的简便，本节暂不考虑试错投资策略，只分析另外两种投资策略，即分散策略(记为 K 策略)与集中策略(记为 L 策略)。下一节将在本节的基础上增加试错策略。

本章模型的微观参与者，可以看作是处在农业经济竞争关系中的各个地区，也可以是一个个农户。假定这些参与者会根据当地的市场规模，农业技术条件，作出最优的投资决策。(请读者注意，4.3 节与4.4节中描述的农户或者经济行为人，也可以指代平级的地区。)

设定经济行为者，即农户们面临着 m 种可投资项目。m 的大小与项目的种类由当前技术、制度条件决定。本模型不考虑农户的行为对 m 的影响，因此可以把 m 视为给定的外部因素。每种投资项目的成功概率都等于 p，$0<p<1$。同一期的不同的投资项目，以及不同期的同一投资项目，其成功概率都是相互独立的。

参与市场竞争的农户们进行着多期博弈，每一期他们都被赋予 m 个单位的投资预算，农户们选择投资策略。选择 L 策略的农户，将这一单位投资预算投入到 m 个可投资项目中的某一个。在这一期的期末，如果该项目成功，产量是 $V(L)=m^{\gamma}$；如果失败，则产量是 0。其中，$\gamma \geqslant 1$ 衡量投资的规模效应。选择 K 策略的农户，将这一单位投资预算平均分配到全部的 m 个项目中，一个项目如果成功，其产量是 $V(K)=1$，如果失败，则产量是 0。农户们会选择带来期望收益最高的策略。

由于决定收益回报的因素，除了产量，还有市场规模。而要分析市场规模，就要考虑农户们的投资决策给其他人带来的竞争。为了分析的简便，首先考虑当只有两个农户参与竞争的局面。

4.3-2 两个农户参与的 2 × 2 博弈模型

本书用某种农产品的市场总销售额 $MS(i, j)$,其中 $i, j = L, K$,来表现这种农产品市场规模:市场总销售额越大,那么市场规模就越大,反之则越小。

当有至少一个农户采取了集中策略 L 生产这种产品时,这种产品在市场上获得的总销售额是 $MS(L, i) = V(L) + \beta V(i)$,其中 $i = K, L$ 且 $\beta \geqslant 0$。β 表示由于另一农户的竞争对总销售额的影响大小,由潜在市场规模决定。β 越大,说明潜在市场规模越大。注意:$MS(K, L) = MS(L, K)$。

当两个农户都采用了分散策略 K 时,该产品的市场总销售额为 $MS(K, K) = V(K) + \alpha V(K)$,$-1 \leqslant \alpha \leqslant \beta$。其中,$\alpha$ 由当地市场规模决定,α 越大,当地市场规模越大。

本书用 $V(i, j)$ 表示在某种农产品上,采取策略 i 的农户与采取策略 j 的农户竞争,且两个农户对该农产品的投资都成功时,农户从该项农产品上获得的收入。则 $V(i, j) = MS(i, j)\dfrac{V(i)}{V(i) + V(j)}$,其中 $i, j = L, K$。

农户进行投资决策时,其目的是最大化期望收益。我们用 $E(i, j)$ 表示选择策略 i 的农户在面对选择策略 j 的农户的竞争时的期望收益。注意 $E(i, j)$ 是农户总的期望收益,而 $V(i, j)$ 只是农户在某一个特定的农产品上获得的收入。

假定农户做集中投资时随机选择哪一种项目。因为每一期每个农户都会重新作出新的投资决策,某一个农户不能预知其他同样采取集中策略的农户所做的具体选择,只能假定其他农户是随机选择投资项目的。对这个农户而言,集中投资到任何一个项目,其期望回报都相等。因此,随机选择投资项目是一种理性的选择。

如果出现了 L, K 策略同时存在的情况,L 和 K 策略肯定会同时在某一个项目上进行投资，那么 L 策略对应的期望收益为：

$$E(L,K)=p\cdot pV(L,K)+p\cdot(1-p)V(L)$$

其中等式右边的第一项表示 L 策略和 K 策略同时在该项目上成功时获得的收益，第二项表示 L 策略在项目上成功而 K 策略失败时的收益。

此时，相应的 K 策略的期望收益表示如下：

$$E(K,L)=m\cdot pV(K)+p\cdot pV(K,L)-p\cdot pV(K)$$

等式右边第一项表示如果没有 L 策略的出现，K 策略在每个项目上独自获得成功的期望收益之和。但是当 K 策略和 L 策略同时成功时，K 策略实际获得的收益应该是 $V(K,L)$ 而非 $V(K)$，第二项和第三项正是对这种情形的处理。为了统一后面的表述，我们将上面的等式改写为：

$$E(K,L)=mp\left[\frac{1}{m}\cdot pV(K,L)+\left(1-\frac{1}{m}\cdot p\right)V(K)\right]$$

另外，通过计算我们有：

$$E(L,L)=P\left\{\frac{1}{m}[PV(L,L)+(1-P)V(L)]+\frac{m-1}{m}V(L)\right\},$$
$$E(K,K)=mp[pV(K,K)+(1-p)V(K,L)]$$

如果令 $\tilde{p}(L)=p$，$\tilde{p}(K)=m\cdot p$。这三个假定中的 $\tilde{p}(L)$ 并没有改变，很容易理解，$\tilde{p}(K)$ 相当于将 K 策略中的多个项目集中到一个项目上，由于 $\tilde{p}(K)$ 有可能大于 1，因此将其单独定义，以示与真实概率的差异。我们由此可以得到上述期望值的通式：

$$E(i,j)=\tilde{p}(i)\left[\left(1-\frac{1}{m}\cdot\tilde{p}(j)\right)V(i)+\frac{1}{m}\cdot\tilde{p}(j)\cdot V(i,j)\right] \tag{4.1}$$

博弈的收益矩阵可以这样表示：

表 4.2 L 策略与 K 策略的收益矩阵

	L 策略	K 策略
L 策略	$E(L, L), E(L, L)$	$E(L, K), E(K, L)$
K 策略	$E(K, L), E(L, K)$	$E(K, K), E(K, K)$

如果假设 $\gamma=1$，这时 $V(K)=1$，$V(L)=m$。通过计算可得：

$$E(L, L)=mp+\frac{\beta-1}{2}p^2;\ E(L, K)=mp+\frac{\beta-1}{m+1}mp^2;$$

$$E(K, L)=mp+\frac{\beta-1}{m+1}p^2;\ E(K, K)=mp+(p\omega-p)mp,$$

其中 $\omega=\frac{1+\alpha}{2}$，$0\leqslant\omega\leqslant\frac{1+\beta}{2}$。

4.3-3 具有多个参与者的演化博弈模型

假设每一期使用集中策略 L 的农户占总人数的比例为 $x(t)$，使用分散策略 K 的农户占总人数的比例为 $y(t)$，其中 $x(t)\geqslant 0$，$y(t)\geqslant 0$，且 $x(t)+y(t)=1$。由于农户面临着一对一竞争，则选择策略 $i(i=L, K)$ 的期望收益为：

$$E(i)=x(t)E(i, L)+y(t)E(i, K) \tag{4.2}$$

所有参与者的平均期望收益为：

$$\bar{E}=x(t)E(L)+y(t)E(K) \tag{4.3}$$

该博弈的标准复制动态方程为：

$$\begin{aligned}\frac{\mathrm{d}x}{\mathrm{d}t}&=x(t)\cdot[E(L)-\bar{E}]\\ \frac{\mathrm{d}y}{\mathrm{d}t}&=y(t)\cdot[E(K)-\bar{E}]\end{aligned} \tag{4.4}$$

4.3-4 $\gamma=1$ 时的演化稳态均衡与模拟

由于当 $\gamma\neq 1$ 时,上述博弈的演化均衡解的求解特别复杂,无论是代数求解还是计算机模拟都极为复杂。因此根据 γ 的不同取值,将演化模型分别处理。先分析 $\gamma=1$ 时的简单情形。

命题:当 $\gamma=1$,即集中投资没有规模优势时,式(4.4)里的动态演化模型在不同的 ω、β 下都有唯一的稳定均衡。如果 $1-\frac{1-\beta}{m+1}<\omega\leqslant 1$,在稳定均衡中所有博弈参与者都选择策略 K。如果 $1-\frac{(3m-1)(1-\beta)}{2m(m+1)}<\omega<1-\frac{1-\beta}{m+1}$,稳定均衡中选择策略 K 的人与选择策略 L 的人并存,且前者比例较高;如果 $0<\omega<1-\frac{(3m-1)(1-\beta)}{2m(m+1)}$,稳定均衡中选择策略 K 的人与选择策略 L 的人并存,且后者比例较高;而当 $\omega=1-\frac{(3m-1)(1-\beta)}{2m(m+1)}$ 时,采取策略 K 的人数与采取策略 L 的人数相等。

证明:假定 $x(t)$ 与 $y(t)$ 初始值均为 0.5。如果选择策略 L 和策略 K 的人群始终保持不变,则:$E(i)=E(j)$,即

$$0.5E(L,L)+0.5E(L,K)=0.5E(K,L)+0.5E(K,K)$$

将上式换算得:

$$\frac{\beta-1}{2}p^2+\frac{\beta-1}{m+1}mp^2=\frac{\beta-1}{m+1}p^2+(\omega-1)mp^2$$

求解即有:

$$\omega^*=1-\frac{(3m-1)(1-\beta)}{2m(m+1)}$$

容易证明,在表 4.2 中所表示的博弈中,各种策略组合的收益之间满足如下关系:$E(K,L)>E(L,L)>E(L,K)$。

要求得该博弈的纳什均衡解，需要比较 $E(K, K)$ 与 $E(L, K)$ 的大小。当 $E(K, K) > E(L, K)$ 时，(K, K) 是唯一的纳什均衡；当 $E(K, K) < E(L, K)$ 时，该博弈有 (K, L)，(L, K) 2 个纯策略纳什均衡，以及 1 个混合策略纳什均衡；当 $E(K, K) = E(L, K)$ 时，该博弈有 3 个纯纳什均衡 (K, L)，(L, K) 和 (K, K)。

当 $E(K, K)$ 与 $E(L, K)$ 相等时，ω 应满足下列条件：

$$\frac{\beta-1}{m+1}mp^2 = p^2(\omega-1)m \Rightarrow \omega^{**} = 1-\frac{1-\beta}{m+1}。$$

因为 $E(K, K)$ 是 ω 的增函数，且 $\omega^{**} > \omega^{*}$，可得：

当 $1-\frac{1-\beta}{m+1} < \omega \leqslant 1$ 时，(K, K) 是唯一的纳什均衡，且满足演化稳态均衡条件。

当 $1-\frac{(3m-1)(1-\beta)}{2m(m+1)} < \omega \leqslant 1-\frac{1-\beta}{m+1}$ 时，不存在唯一的纳什均衡，由于在起点满足：

$$0.5E(L, L)+0.5E(L, K) < 0.5E(K, L)+0.5E(K, K)$$

选择策略 K 的比例在演化中将会上升，直至选择策略 L 的比例下降到 x^{*} $(0 < x^{*} < 0.5)$，使得：

$$x^{*}E(L, L)+(1-x^{*})E(L, K) = x^{*}E(K, L)+(1-x^{*})E(K, K)$$

此时达到稳定态，策略 L 与策略 K 都被参与者选择，选择策略 K 的比例较高。

当 $\omega = 1-\frac{(3m-1)(1-\beta)}{2m(m+1)}$ 时，前面已经证明，此时不同策略的选择比例稳定在初始值。

当 $0 < \omega < 1-\frac{(3m-1)(1-\beta)}{2m(m+1)}$ 时，同样不存在唯一的纳什均衡，演化初始点满足：

$$0.5E(L,L)+0.5E(L,K)>0.5E(K,L)+0.5E(K,K)$$

因而演化开始后选择策略 L 的比例将会上升,直到等于 $x^*(0.5<x^*<1)$ 时,$x^*E(L,L)+(1-x^*)E(L,K)=x^*E(K,L)+(1-x^*)E(K,K)$。

此时达到稳定态,策略 L 与策略 K 都有参与者选择,选择策略 K 的比例较低。

证毕■

上述命题说明,当集中投资没有规模优势的时候:

如果潜在市场规模足够大,即 $\beta\geqslant 1$ 时,集中投资造成的一种农产品的供给增加可以被市场完全消化。农户的投资决策对其他农户的收益没有任何影响。这反过来说明,潜在市场规模的大小决定了农户投资决策的外部性。

如果当地的市场规模较大,而潜在市场较小,农户会倾向于选择分散策略 K,这说明当交通不发达,跨地区贸易往来较少时,农业经济会趋向于分散经营,自给自足。

当潜在市场规模较大,而本地市场规模较小时,人们更愿意采用集中投资策略。这种情形适用于农业的生产率相对高,而人口密度比较小的情况,此时采用集中投资会更为有利。

4.3-5 $\gamma=1$ 时的演化路径模拟

上一小节的结论可用 MATLAB 软件模拟,以绘出演化路径(相关程序详见附录)。在下面的 4 幅图中规定 $m=3$,$p=0.8$,$\beta=0$。①则可求出与本地市场规模参数有关的两个临界值 $\omega^*=2/3$,$\omega^{**}=3/4$。

下面的 4 幅图分别对应着 $\omega=0.9\in(\omega^{**},1)$,$\omega=17/24\in(\omega^*,\omega^{**})$,$\omega=2/3$,$\omega=7/12\in(0,\omega^*)$ 时的情形。演化的结果与上一小节

① 这些值是随意给出的,并不符合实际情况,但通过变动这些值,可以看出其对演化路径及稳态的影响。

的命题相吻合。

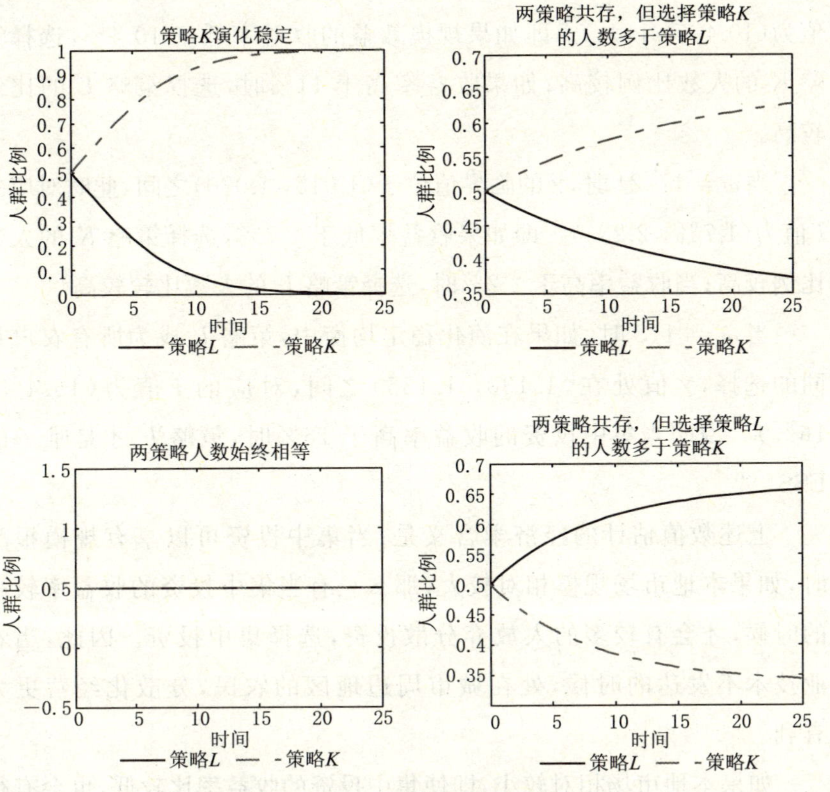

图 4.1　$\gamma = 1$ 时的演化路径组图

4.3-6　$\gamma > 1$ 时的演化均衡临界值

当 $\gamma > 1$ 时,集中投资的收益率 i 可表示为: $i = m^{\gamma-1} - 1$。此时 $V(L, K) = m^{\gamma} \cdot \frac{m^{\gamma}}{m^{\gamma}+1}$, $V(K, L) = m^{\gamma} \cdot \frac{1}{m^{\gamma}+1}$, $V(L, K) = \frac{m^{\gamma}}{2}$。

因为此时无法求出解析解,只能通过 MATLAB 程序估计出在稳态均衡中 γ 的临界值。所以 γ 的临界值指,在 ω 给定的条件下,有一个 γ 值使得选择策略 K 与 L 的人各占一半,该 γ 值即为临界值。

同上一小节的 MATLAB 模拟的设定一样,规定 $m = 3$, $p = 0.8$,

$\beta=0$，截断时间也保持不变。①

当 $\omega=0.9$ 时，γ 的临界值位于(1.090, 1.095)之间，此时对应的 i 值为(10.4%, 11%)。即如果规模效益的收益率低于10.4%，选择策略 K 的人数比例较高；如果收益率高于11%时，选择策略 L 的比例较高。

当 $\omega=17/24$ 时，γ 的临界值位于(1.015, 1.020)之间，此时对应的 i 值为(1.7%, 2.2%)。即如果收益率低于1.7%，选择策略 K 的人数比例较高；当收益率高于2.2%时，选择策略 L 的人数比较较高。

当 $\omega=1/2$ 时，如果在演化稳定均衡中，策略 L 成为所有农户共同的选择，γ 值处在(1.130, 1.135)之间，对应的 i 值为(15.4%, 16%)。说明当集中投资的收益率高于16%时，策略 L 才是唯一的ESS。②

上述数值估计的经济学含义是：当集中投资可以享有规模报酬时，如果本地市场规模相对较大，那么只有当集中投资的收益率较高的时候，才会有较多的人放弃分散投资，选择集中投资。因此，当农业技术不发达的时候，处在城市周边地区的农民，分散化经营更为有利。

如果本地市场相对较小，即使集中投资的收益率比较低，也会有很多人选择集中投资。这适用人口密度较小，交通便捷的国家或地区，如美国。这时农业的专业化分工与集中投资会非常盛行。

如果本地市场规模特别小，甚至消化不了少数农户同时在本地进行分散化经营生产出的农产品，只有当集中投资的收益率特别高时，分散策略才会被淘汰。

---

① 在数值模拟中计算机可以把演化路径无止境地绘下去，所以在实际模拟中必须武断地规定截断时间，即演化路径的横轴长度。不同的截断时间只会对运算结果有细微的影响，因为到最后 γ 临界值已经收敛到一个很小的区间里。

② 附录里给出在这些取值下的计算机模拟图。

4.4 考虑试错策略时的演化博弈模型

4.4-1 基本设定与两人博弈

在 4.3 的基础上,在农户的策略选择集合中增加一个试错策略,用 I 策略表示。设每一期农户的投资预算总额为 1 单位。不存在规模报酬递增的情况,即 $\gamma=1$。设 α, β 都为 0。其余条件与设定都与 4.3 节中的演化博弈模型相同。

采用“I 策略”的农户每一期的投资决策分为两个阶段。第一阶段对 m 个项目各投资 ε 单位的预算;第二阶段,在证实将会成功的项目中随机选取一个,将剩余预算 $1-m\varepsilon$ 单位追加进去。两阶段共收到的投资总额为 $[1-(m-1)\varepsilon]$。$(m-1)\varepsilon$ 可以看作是试错的成本。为了避免出现第一阶段的各个项目的实验都不成功的情况,假设第一阶段每个项目的成功概率为 $1/m$,这样,第一阶段的期望成功项目为 $\frac{1}{m}\times m=1$,这样就保证第二阶段在期望上有一个项目可以投资。

假设选择三种不同的策略的人在某个农产品投资上都取得了成功,其产量比例满足:

$$V(L):V(K):V(I)=1:1/m:[1-(m-1)\varepsilon] \tag{4.5}$$

先讨论两个农户相互竞争时的博弈模型:

如果两个农户各自选择 L 与 I 策略,此时市场总销售额为 $V(L)$。则选择 L 策略的农户如果投资成功通过出售该产品可获得的收益为:

$$V(L,I)=m\frac{m}{m+m[1-(m-1)\varepsilon]}$$

$$=\frac{m}{2-(m-1)\varepsilon}$$

选择 I 策略的农户,出售其成功投资得到的农产品可获收入为:

$$V(I, L)=m-V(L, I)$$

由于 L 策略和 I 策略最终都只选择一个项目进行集中投资，且 I 策略的投资成功概率为 1。则选择 L 策略的农户期望收益为：

$$E(L, I)=\frac{1}{m}\cdot pV(L, I)+pV(L)-\frac{1}{m}\cdot pV(L)$$

此等式的含义与 4.3 节中的 $E(K, L)$ 类似，可将其改写为：

$$E(L, I)=p\left[\left(1-\frac{1}{m}\right)\cdot V(L)+\frac{1}{m}V(L, I)\right]$$

选择 I 策略的农户，在面临选择 L 策略的农户竞争时，其期望收益是：

$$\begin{aligned}E(I, L)&=V(I)+\frac{1}{m}\cdot pV(I, L)-\frac{1}{m}\cdot pV(I)\\&=\frac{1}{m}\cdot pV(I, L)+\left(1-\frac{1}{m}\cdot p\right)V(I)\end{aligned}$$

★ 当两个农户各自选择 K，I 策略时，I 策略最终选择的农产品的市场销售额为 $V(I)$。两个农户在 I 策略成功投资的农产品上所获收益分别为：

$$V(I, K)=m[1-(m-1)\varepsilon]\frac{m[1-(m-1)\varepsilon]}{1+m[1-(m-1)\varepsilon]}$$

$$V(K, I)=m[1-(m-1)\varepsilon]-V(I, K)$$

选择策略 I 的农户期望收益为：

$$E(I, K)=V(I)+pV(I, K)-pV(I)$$

$$E(K, I)=m\cdot pV(K)+pV(K, I)-pV(K)$$

★ 如果两个农户都选择了 I 策略，且双方恰好都在第二阶段选择了同一种投资项目，则在相关的农产品市场上，总销售额为 $V(I)$，单个农户的收入为

$$V(I, I)=\frac{[1-(m-1)\varepsilon]m}{2}$$

结合上面的分析,令 $\tilde{p}(L)=p$, $\tilde{p}(K)=m\cdot p$, $\tilde{p}(I)=1$。期望收益的通式为:

$$E(i, j)=\tilde{p}(i)\left[\left(1-\frac{1}{m}\cdot\tilde{p}(j)\right)V(i)+\frac{1}{m}\cdot\tilde{p}(j)\cdot V(i, j)\right] \tag{4.6}$$

该博弈的收益矩阵如下:

表 4.3 三个策略的收益矩阵

	L 策略	K 策略	I 策略
L 策略	$E(L, L)$, $E(L, L)$	$E(L, K)$, $E(K, L)$	$E(L, I)$, $E(I, L)$
K 策略	$E(K, L)$, $E(L, K)$	$E(K, K)$, $E(K, K)$	$E(K, I)$, $E(I, K)$
I 策略	$E(I, L)$, $E(L, I)$	$E(I, K)$, $E(K, I)$	$E(I, I)$, $E(I, I)$

上文中没有具体列出的期望收益值如下:

$$E(L, I)=mp-\frac{1-(m-1)\varepsilon}{2-(m-1)\varepsilon}p;$$

$$E(I, L)=(1-p/m)m[1-(m-1)\varepsilon]+\frac{1-(m-1)\varepsilon}{2-(m-1)\varepsilon}p;$$

$$E(K, I)=mp-\frac{1}{1+m[1-(m-1)\varepsilon]}p;$$

$$E(I, I)=\left(1-\frac{1}{2m}\right)m[1-(m-1)\varepsilon];$$

$$E(I, K)=(1-p)m[1-(m-1)\varepsilon]+p\frac{m^2[1-(m-1)\varepsilon]^2}{1+m[1-(m-1)\varepsilon]}。$$

4.4-2 多人参与的演化博弈及动态模拟

现在在前面的两人博弈模型基础上考虑多人参与的博弈。设在 t 时刻,选择 L, K, I 策略的博弈参与者占总人数的比例分别为 $x(t)$, $y(t)$, $z(t)$, $x(t)+y(t)+z(t)=1$。因为各种策略的期望收益通式可写为:

$$E(i)=x(t)E(i, L)+y(t)E(i, K)+z(t)E(i, I) \tag{4.7}$$

其中 $i = L, K, I$。整个群体的平均期望收益为：

$$\bar{E} = x(t)E(L) + y(t)E(K) + z(t)E(I) \tag{4.8}$$

该群体行为的标准复制动态方程为：

$$\begin{aligned} \frac{\mathrm{d}x}{\mathrm{d}t} &= x(t) \cdot [E(L) - \bar{E}] \\ \frac{\mathrm{d}y}{\mathrm{d}t} &= y(t) \cdot [E(K) - \bar{E}] \\ \frac{\mathrm{d}z}{\mathrm{d}t} &= z(t) \cdot [E(I) - \bar{E}] \end{aligned} \tag{4.9}$$

这个模型相比上一个演化博弈模型，最大的差别在于增加了 I 策略，而决定 I 策略收益的重要参数是 ε。下面根据 ε 的值的变化，讨论农户投资策略的演化路径。

若 $\varepsilon = 0$，则试错没有成本。由于试错过程完全排除了风险，I 策略明显优于其余两个策略。在最终的演化稳定均衡中，所有的博弈参与者都会选择策略 I。一个 MATLAB 演化路径模拟图如下：

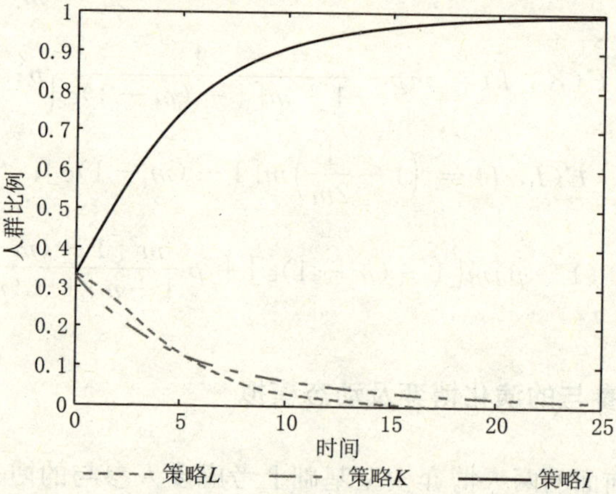

图 4.2　试错成本为零时的博弈演化路径图

如果 $\varepsilon > 0$，我们可以讨论 ε 的临界值，使得选择策略 L 的人数比例与选择选择策略 I 的人数比例相等。与 4.3 小节中的 MATLAB 模拟中的参数保持一致，设($p=0.8$，$m=3$)，计算出 ε 的临界值为(9.5%，10%)。下面是 ε 分别等于 9.5%与 10%时的演化路径图：

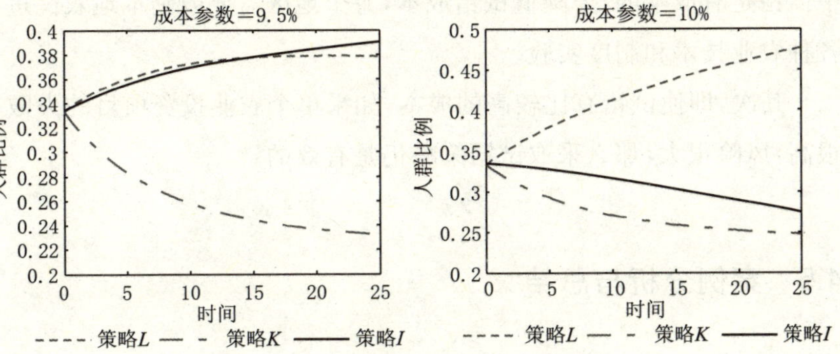

图 4.3 ε 不为零时的博弈演化组图

从图 4.3 可知，当 ε 高于 10%时，在稳态均衡中选择策略 L 的人数比例更高。当 ε 低于 9.5%时，选择 I 策略的人数，在稳态均衡中占据更高比例。

如果改变前面对成功概率 P 的设定，将其从 0.8 降低到 0.6。即使 ε 处在 10%的高位上，在稳态均衡中所有的博弈参与者都选择了 I 策略。参见下面的图 4.4。

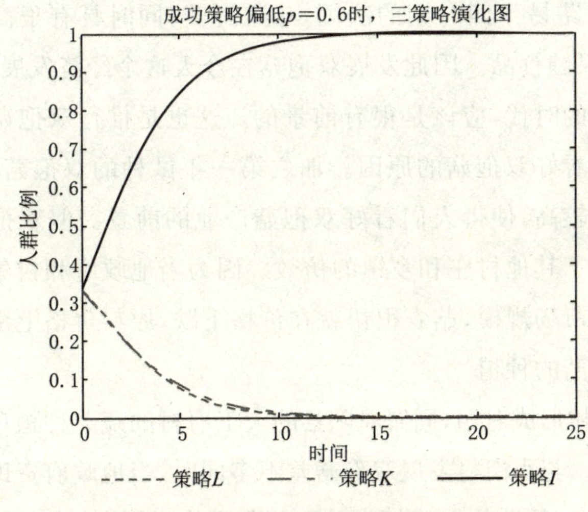

图 4.4 ε 较低时的博弈演化路径图

从上面的计算机模拟结果中可以引申出下列结论：

首先，如果试错没有成本，那么试错策略会是最佳策略。但是现实中试错是有成本的，要降低试错成本，每个地区需要鼓励本地农民进行各种农业技术和制度实验。

其次，即使试错有比较高的成本，如果单个农业投资项目的失败率很高，风险很大，那么采取试错策略仍是有效的。

4.5 案例分析与总结

现在在 4.3 节、4.4 节的基础上，用演化博弈模型的结论具体分析近年来中国地区性农业发展中的若干案例。

4.5-1 安徽凤阳：多样经营胜过规模经营

当没有建立品牌的技术或者资源禀赋的壁垒，也没有巨大的潜在市场作为支撑时，单纯对某一项农产品进行集中化投资，扩大生产规模是非常危险的。第 3 章中所提到的凤阳小岗村的双孢菇是一个例子：双孢菇源自路易十四时期的法国，味道鲜美，同时具有很高的营养价值，是一种保健食品。因此发展双孢菇在今天这个经济发展，人们重视营养和口味的时代，应该是很有前景的。这也是推行双孢菇的大学生与政府官员看好双孢菇的原因。加之第一年试种的双孢菇产量不大，市场价格比较高，使得人们看好双孢菇产业的前景。但双孢菇的利润很快就引起了其他村庄和乡镇的仿效。因为当地政府和村集体没有扩大双孢菇的市场规模，菇农很快就在价格下跌，原料价格上涨的压力下放弃了双孢菇的种植。

与小岗村形成对照，同属凤阳县的大王府村的蔬菜种植项目取得了较好的效果。与小岗村发展双孢菇差不多同时，当地政府资助这四位大学生启动资金，帮助他们从村官的职位上下来，转而从事大棚蔬菜的种植(每半年投入一次,一年两收)。一期(前半年)只有小部分村民投资跟进,总的大棚蔬菜种植面积只有30亩,其余大部分村民持观望态度。同小岗村一样,第一期大棚蔬菜的成功吸引众多村民跟进投资,大棚蔬菜的种植规模也很快扩张到500亩。但与小岗村不同之处在于,虽然大棚蔬菜的种植技术可以从大学生那里免费获得,但大棚蔬菜的利润并未随着大批村民跟进而下降。这是因为大棚蔬菜种类繁多,单个种类的蔬菜产量增加得不多。虽然大王府村并没有开发出新的市场,产出的蔬菜主要还是供应县城与邻近地区,新增的蔬菜产出还是能够被当地消化掉。

凤阳的经验表明,在发展现代农业的初期,"人无我有"的新产品所带来的高收益,能让从事传统农业生产的农民短时间明白其优势并迅速跟进。只是由于启动资金不足,农民的投资额不够大。在小岗村的双孢菇项目初见成效时,许多试探着跟进的农户常常感叹:"如果当初我投资种植双孢菇的棚子有100个而不是10个,我的收入将会多10倍!"很多人这么算经济账,也常常因此认为金融支持力度不够是制约现代农业发展的关键因素。但实际上,没有解决市场销售问题,就难以避免后面的价格变动困境。如果把发展现代农业同扩大生产规模等同起来,为了形成规模而形成规模,反而不利于地区的健康发展。

4.5-2 山东寿光:投资专业市场增加集中投资经营的收益

凤阳县大王府的蔬菜种植项目的成功,并不适用于一个县级地区。因为县级地区如果采取集中化投资经营的道路,其产出的农产品,往往不是邻近地区及市级城区所能消化的。山东省寿光市(县级市)以其专业化的蔬菜生产闻名全国。全县以单个蔬菜种植为特色的镇村有587个,其中一些获得了诸如"中国韭菜第一乡""中国胡萝卜第一镇""中国香瓜第一镇"之类的美誉。寿光市的专业化、集中化农业投资的成功,相当部分来自当地政府在开拓潜在市场上的投入。该市政府总共投入4 000万元,组建了6个专业市场,包括蔬菜、水果和兽禽市场。其蔬菜市场创建于1984年,开始由政府拨10亩地,当时只不过是个成规模的旧式集市，由市政府的工商管理局代管。但其后的20年间总共扩建了9次，并在2003年与深圳农产品有限公司搭档。如今这个蔬菜市场已经达到600亩的空间规模，销售300多种蔬菜，其韭菜市场号称全国第一。寿光的蔬菜市场整合了84万亩地的小蔬菜农场，包括30万个大棚，带动了全市所有(蔬菜)农场中的80%。他们还拥有200多部运菜车辆，提供北京市上市蔬菜的五分之一(滕锡尧，2000)。

山东寿光的例子说明，开发潜在市场，拓展农产品销售渠道，应该是发展集约化农业经营的前提与工作重点。

4.5-3 广西恭城：通过延长产业链拓展市场规模

广西恭城地处热带，盛产月柿、沙田柚及椪柑等特色水果，素有“柑橙之乡”的美誉。其柑橙人均产量居广西省之冠，且品质优良。但是由于市场规模不够大，几乎年年柑橙都有果多难销、果贱伤农的问题。为了解决销售问题，2003年县里通过招商引资，吸引北京汇源集团在恭城投资1.07亿元建立果汁加工厂，年产果汁能力达到40万—80万吨。[①]该县原有的5万亩橙类水果不能满足汇源果汁厂的需求。为此县政府计划改良和扩种水果7万亩，同时对承包荒山、水田和旱地的干部职工予以奖励。

引入汇源果汁加工厂，不仅解决了原有的销售问题，而且促进了柑橙种植的进一步发展。这是因为，通过引入汇源果汁加工厂，恭城县的果农们可以利用汇源的销售网络扩大潜在市场规模。

4.5-4 延伸讨论：政治激励与政策的连贯性

在本章的开头已经说明，地方政府对农业集中化经营的扶持，带有很强的非连贯性。这是因为地方政府有换届的制度安排。由于从已有的经济成就中可以获得的政绩效应会随着前任的离去而消失，新的领

① 参见《汇源集团水果深加工项目落户恭城　总投资3亿元》，《广西日报》2003年3月28日。

导干部就必须寻找新的项目进行扶持,以创造属于自己的政绩。

不可否认,地方政府的政策性金融扶持是我国的集中化农业投资的主要资金来源。这是因为其他的资金来源,如商业金融服务和农民自有资金都不足以满足现代农户集中投资的需要。县级干部的任期通常只有2—4年。但是受制于自然条件、技术水平、气候变化等因素影响,农业投资项目从开始到成熟一般至少需要5年以上时间。因此,一旦新上任的领导不能从前任领导扶持的农业投资项目里获得政绩声誉,通常这个项目会失去后续资金的支持,最后不了了之,给农民造成巨大损失。

除了导致已有投资项目的后续支持资金缺位,地方政府的任期和农业投资周期的不匹配也常常是因为不同的领导干部对农业投资项目的前景有不同看法,“前人栽树,后人砍树”的情形常常出现,增加了农民的风险,抑制了农民对现代农业的接受意愿。

广西恭城可以说是一个难得的范例。二十多年来,当地农民感触最深的事情是恭城虽然换了八任县委书记、五任县长,但一直是“一届接着一届干,换人换届不换路”。①我们有理由相信,没有陷入政府任期和农业投资周期不匹配的漩涡,是广西恭城成功发展现代农业的重要前提。

另外,恭城发展的成功,当地农民企业家的不断尝试创新也功不可没。地方政府选择推广的项目全都来源于农业企业家的先行示范。发展初期,政府推广了他们的成功经验,一村跟进,村村模仿,恭城的水果业在政府的规划下平稳发展。发展中后期,为了保证水果的质量能长期满足不断更新变化的市场口味需求,他们又去尝试水果的改良和新品种的栽培工作,从而有效降低了当地现代农业的风险,为保住市场规模和维持发展提供了可能。恭城的经验也是本书试错策略的重要印证。

本章通过动态模拟做了一个简单的尝试性研究,还有很大的研究空间有待发掘。从已有的结论看,要发展集中化经营,必须要了解地区农业经济面临的各种约束。尤其要注意市场规模的大小与其他地区的

① 注:这一数据来源于2006年笔者的调研,现在的领导是否换届不得而知。

竞争。集中化经营意味着某种农产品的产量激增，原有的本地市场不能消化这样巨大的产量，必须依赖于外地市场和未开发的潜在市场。只有足够大的潜在市场才能解决集中化投资经营后的农产品销售问题。其他地区的地区间竞争行为也会影响投资策略的期望回报，必须在考虑其他地区的投资策略的基础上制订适当的农业投资策略。

地方政府与农民能否形成良性互动，如何帮助农民群众形成利益共同体、扩大市场规模，保持现代农业的持续健康发展是我们还需要继续观察、研究的课题。

附录

4A.1 我国农业技术供给情况介绍

4A.1-1 我国农业技术供给的历史进程

从其他国家的情况看，农业科研和教育部门才应该是提供农业技术及推广的主体，为何现在这项职能主要落在地方政府身上呢？我们先从历史演进介绍开始。

建国初期，我国农业工作目标是解决农民温饱问题，农业生产以传统农业技术为主。1958—1978年“人民公社时期”，逐步建立和健全了自上而下的技术推广方式，资金来源于国家财政每年拨出的专款和公社社有资金，县、公社、大队、生产队形成四级农业科学实验网，通过专业技术人员运用实验、示范、宣传等方式进行技术推广工作。由于农户具有很高的同质性，需求差异小，由农村基层政府自上而下、统一供给的农村公共服务体系运行比较顺畅（林万龙，2000），公共服务对农民造成的资金负担也是隐性的和间接的（魏旭，2001）。

1978年以来，人民公社制度逐步解体，乡镇一级政府建立起来。农户成为农业生产经营的主体，产前、产中、产后不再受国家计划的严格控制。乡镇一级政府也因此建立起来并形成了相应的财政系统。人民公社时期形成的基层公共服务体系的各种机构依然存在。不同的是，这些公共服务机构由以前以行业为单位自上而下的“垂直”管理变成了以行政区域为单位的“水平”管理，乡镇财政预算成为基层农村公共服务经费来源的主要渠道。而制度外筹资的对象由集体转为农户，使得费用的收取公开化了。

1984年，山东省莱芜县为了大幅精简政府行政机构和工作人员，在省政府和中央编办的支持下，决定将设立于乡镇一级的涉农服务机构全部下放给乡镇政府管理，并将其事业费以当年拨付额为基数“捆绑”下拨给乡镇政府，今后逐年减拨，同时加大乡镇的财政包干底数。1988年，全国开始推行山东“莱芜经验”，将乡镇农机推广站的人、财、物管理权限由县农业局下放到乡镇。这次改革是中国农村基层社会化服务体系走向衰落乃至解体的一个重要转折。1993年，农业部组织的农技推广现状调查结果认为，“在商品经济和市场经济大潮的冲击下，农业科技推广网络已是‘网破、线断、人散’；大约41%的乡镇农技推广机构被减拨或停拨事业费；约有1/3的农技推广人员离开了岗位。”此后，我国农业技术创新的人力资源下降且质量也下降严重。

根据2004年农业部对全国29个省市区的98个农业社会化服务体系发展监测县的统计结果表明，改革后推广机构公益性职能的发挥状况明显下滑。我们从表4.A1便可见一斑[该表转引自苑鹏、李人庆(2006)一文]。

表4.A1 农业部98个农业社会化服务体系监测县乡镇推广机构履行公益性职能状况

	48个未改革县	50个改革县	改革县比未改革县
推广新品种新技术(项或个)	2.6	1.8	−44.4%
举办培训班(期)	15.2	12.9	−18.1%
测报病虫害(次)	7.1	4.8	−48.1%

4A.1-2 我国农业技术的其他供给主体分析

政府作为供给主体提供的农村公共品，不具有排他性，农业技术推广示范也不具有竞争性(但涉及具体的农业技术服务是排他性的),其资金由财政部门作出专门的资金支出预算。除各级政府部门外,我国农业科技推广体系的其他几个补充主体都和地方政府扶持有着千丝万缕的关系,具体情况如下:

(1) 农业科研、教育部门。由于科技供给系统与需求系统之间缺乏足够的信息交流,农业科研成果与农业生产者实际经济利益脱节问题突出,使农业科技研究、推广和应用主题都缺乏积极性。一是农业科研教育推广部门联系松散,政出多门,形不成强大的合力。科研单位长期处在传统的科研管理模式中,立题、研究、试验、鉴定、申报成果是科研的基本流程,这种管理模式,与推广部门没有直接联系,使一大部分科研项目变成了以获奖为研究目的,真正先进实用的科研成果不多,远远不能适应农村经济发展的需要,造成大量农业科研成果的无效供给。而对于农业推广部门来说,不了解农业科研进展情况,所需要解决的技术难题没有列入科研计划的正规途径。它们的经费来源有多种方式,包括政府拨款,从科委系统、农业部门、教委系统等争取推广项目而得到支持,单位自筹资金,科技贷款,协作单位出资等。在推广方式上,采取有偿技术转让,直接出售科研产品,如种子、化肥、新型农具等。

(2) 农村合作经济组织和企业。目前,农村合作组织及一些农业产业化的龙头企业,已经成为农业技术推广的生力军,这类机构弥补了政府服务供给不足的缺陷,但由于目前农村合作组织内部组织制度尚不规范,服务的重点是经济作物,一般以一种专业产品为主开展系列服务;而进行农业技术推广的企业,一般是带动农业经济产业化的龙头企业,包括以农产品为加工原料的企业及一些经营生产资料的企业等,由于企业以盈利为目的,其经费来源完全由企业自身负责筹措,多以市场前景好、效益高、可以迅速开发的新技术为主,在档次、规模上很难适应农户的需求。

4A.2 源程序

这里给出三个策略演化的 main.m 程序和 inv 程序(两策略函数只

需去掉包含I的即可),调用的其他函数直接根据文中公式编写即可,非常简单,此处不给出。

Main 函数:

```
function [T, Y] = main(p, m, ep, al)
save('M', 'm', '-ascii');
save('P', 'p', '-ascii');
save('Ep', 'ep', '-ascii');
save('A', 'al', '-ascii');
e1 = ELK(p, m, ep, al);
e2 = EKL(p, m, ep, al);
e3 = ELI(p, m, ep, al);
e4 = EIL(p, m, ep, al);
e5 = EIK(p, m, ep, al);
e6 = EKI(p, m, ep, al);
e7 = ELL(p, m, ep, al);
e8 = EKK(p, m, ep, al);
e9 = EII(p, m, ep, al);
save('E1', 'e1', '-ascii');
save('E2', 'e2', '-ascii');
save('E3', 'e3', '-ascii');
save('E4', 'e4', '-ascii');
save('E5', 'e5', '-ascii');
save('E6', 'e6', '-ascii');
save('E7', 'e7', '-ascii');
save('E8', 'e8', '-ascii');
save('E9', 'e9', '-ascii');
[T, Y] = ode45(@inv1, [0 25], [0.3333 0.3333 0.3333]);
%[T, Y] = ode45(@inv1, [0 12], [0.1 0 0.9]);
```

%[0 12]为计算的 time span，[0.3333 0.3333 0.3333]为初值，可自行更改；

```
plot(T, Y(:, 1), '-', T, Y(:, 2), '-.', T, Y(:, 3), '.')
```

演化博弈部分 inv：

```
function dy = inv1(t, y)
dy = zeros(3, 1);
E1 = y(1) * load('E7') + y(2) * load('E1') + y(3) * load('E3');
E2 = y(1) * load('E2') + y(2) * load('E8') + y(3) * load('E6');
E3 = y(1) * load('E4') + y(2) * load('E5') + y(3) * load('E9');

E = y(1) * E1 + y(2) * E2 + y(3) * E3;
dy(1) = y(1) * (E1 - E);
dy(2) = y(2) * (E2 - E);
dy(3) = y(3) * (E3 - E);
```

4A.3 演化图

多样化生产受市场规模限制较小时，$\omega = 0.9$，则有：

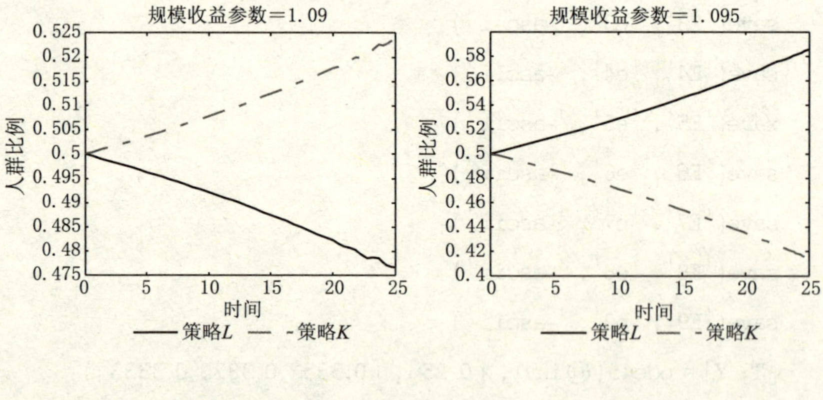

所以本书判定，γ 的临界值位于区间(1.090，1.095)。

多样化生产受市场规模限制较大时，$\omega = 17/24$，有：

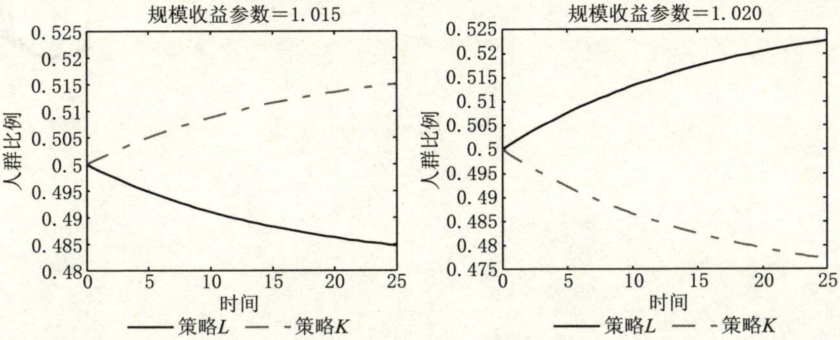

所以本书判定，γ 的临界值位于区间(1.015，1.020)。

多样化生产受市场规模限制很大时，$\omega = 1/2$，有：

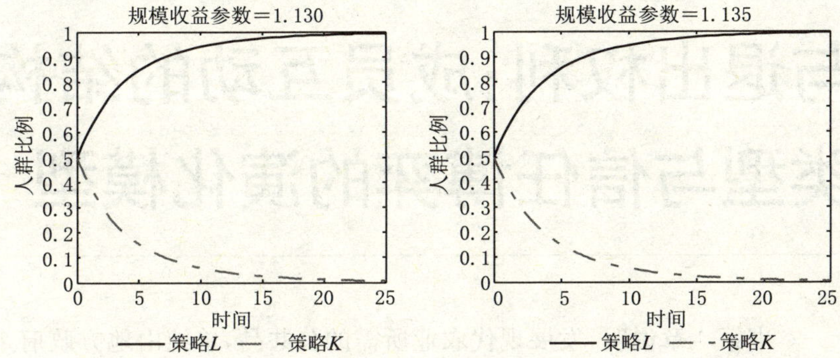

所以在给定相同的有限时间内，如果策略 L 成为唯一的演化稳定策略，γ 的临界值位于(1.130，1.135)。(注意：左图上方未完全达到 1)

5

农村合作经济组织的进入与退出权利:成员互动的结构类型与信任博弈的演化模型

本书第4章说明,发展现代农业所需的公共品,单纯由地方政府来供给存在局限,它不一定能和农户的需求相匹配。农村合作经济组织①作为农业公共品供给的有效补充,一直被学者们看好。通过大力发展农村合作经济组织,是否能有效地促进现代农业的发展进程呢?

根据我在凤阳观察到的经验和我国农村合作经济组织表现出的普遍不稳定现象,答案并非如此肯定。本章试图通过分析合作经济组织的成员互动形式和合约结构来考察其存在与发展的必要条件,解释农

① 在没有严格的说明下,本书所说的农村合作经济组织和农业合作经济组织、农民合作经济组织或合作社、农协等称呼没有区别。

业合作组织在中国的发展困难。本章基于一个协调博弈模型，证明了农户享有的随意退出权是农村合作组织屡屡失败的主因。

一般认为，中国农村合作经济组织的退出权是提高合作组织效率的重要保证。林毅夫于1990年在《政治经济学期刊》上发表了一篇重要文章，证明了中国1959—1961年的饥荒与人民公社制度废除农民自由退出权有关。他认为，在人民公社化运动的初期，农民享有自愿退出农业合作社（初级社、高级社）的权利，使得合作社必须和"单干"的农户竞争劳动力意愿，使得合作社保持了比较高的经济效率。但是废除了农民自由退出权以后，农户们之间的合作关系变成了一次性的囚徒博弈。在"辛勤工作"与"偷懒"两个之间，农户们都选择了"偷懒"，因而农业产量大幅度降低，加上自然灾害和政府其他的政策失误，造成了罕见的困难时期。而困难时期的渡过，则在于允许农民保留"自留地"，或者默许某些地区实行包产到户，相当于给予农民部分的自由退出权。

然而，合作社并不意味着只存在无效率的均衡，它也可能存在有效率的均衡。日本农协、以色列农庄都是合作经济成功的典型。从囚徒困境博弈角度研究合作社，本身就假定了合作社必然会失败，因为囚徒困境中唯一的纳什均衡和演化稳定解就是低效率的，所有参与者均采取"不合作"策略的均衡。

本书认为，基于家庭联产承包之下的农户形成的合作经济组织是存在有效率的均衡的（当然同时也存在无效率的均衡）。具体合作经济会收敛到哪个均衡上，取决于合作社的合约结构、法律政策等条件。因此，本章采用了对称协调博弈中的信任博弈作为分析基础，以演化博弈刻画合作社经济在不同均衡间跳转收敛的外部条件与过程。

5.1　引言

我国现阶段农村合作经济组织的建立，其本质是将农户结成的利益共同体，通过“风险共担、利益共享”的分配机制突破原有的独立、分散小农经营模式的局限，使潜在收益得以实现。理论和实践似乎都证明，这样的形式对促进农业市场化进程、推动农业结构转型、提高农业专业化和规模化经营、实现农业技术进步、稳定和增加农民收入、分散和规避部分风险等发挥了重大的作用。因此，当学者们谈起农业产业化时乐观多于理性，并使之成为一种公认的语境：农业产业化经营能够解决农业发展中的许多矛盾和困境，能提高效益，增加收益，只要合作组织中的经营主体“风险共担，利益共享”便万事大吉。但事实并非如此：(1)根据农业部2000年的调查资料显示，全国仅有农业产业化经营组织11 824个，参与农户比例仅为8.5%；(2)农业产业化经营组织很不稳定，建起来又垮掉，屡见不鲜；(3)20世纪90年代以来，国家一直大力推行农业产业化经营，可期间农民的收入增加极其低微，甚至有三年出现负增长(黄宗智，2010)。①

5.1-1 引例

我们在凤阳赵庄观察到的案例也不同寻常。这是一个由企业家领头的“乡村再造”工程。赵庄村原是个贫困村，村里自然环境非常恶劣，常年干旱，土地产出很少，村民生活贫困。2001年，曾任赵庄村支部书记，后外出经商的农民企业家赵世来回到赵庄村，在当地政府的支持下，与赵庄村的大部分农户成立经济合作组织。根据事先的约定，在十年内，加入合作组织的农户们所承包的耕地以每年230元的租赁价格，租给赵世来统一经营。赵世来拿出了3 000多万元，为全村兴修公路、水利等基础设施，在从农户手上收来的承包地上种植十年可以成材的速生林，并将剩下的土地用于大棚蔬菜的种植。赵世来自己所建的异型保温瓶厂负责雇用赵庄村空闲下来的劳动力，免除农户们的后顾

① 为了不影响行文逻辑，对于农村合作组织的发展现状介绍将在附录中给出。

之忧。赵世来还宣布速生林成材后的收益归赵庄农户所有。赵世来近乎“做慈善”的计划获得了农户们与当地政府的热烈支持，临近村庄的村民也请求加入其合作组织。可是几年以后由于赵世来修建的公路和水利改善了当地耕地的自然环境，农户们不满于原来的230元年租，纷纷要求退出。最后这个经济合作惨遭停滞，原来的诸多投资计划都打了水漂。

这和我们通常看到的“企业＋农户”模式的结局很不一样，也超出了我们当初的预想。资料表明，赵庄的农业合作经济发展的困境在全国范围内并非特例。相当数量的农业合作组织成立后不久就面临解体的局面。①

目前对合作经济组织的研究基本上以下面两种分类方式作为研究的起点。

5.1-2 农村合作组织研究的横向分类

对农村合作组织的常见分类：按创办者的身份区分，大致可分为“企业（或企业家、能人）＋农户”“政府＋农户”和“合作社＋农户”这三种主要的形式，它侧重于强调创办者们提供的技术、资金、营销网络和管理经验对合作经济的促进作用；按合作经济组织的功能区分，它包括采购型、销售型、服务型等多种形式，这是合作社分类的典型方式；我国农业部按照农民合作的“紧密程度”，还将其分为专业协会、专业合

① 由于这些组织即使解体也不会到政府部门登记解散，所以在官方公布的统计数据上，农业合作组织数量一直在增加，实际相当部分已经名存实亡。根据我在某地的观察，在2005年大力推行新农村建设阶段，地方政府对所有新成立注册的农村经济合作组织，给予资金上的支持，每个合作组织成立后可获得3 000元的活动经费。在短短一两年里，该县民政局登记注册的合作组织从原来的一百多个增长到四五百个。可是，大多数新登记注册的合作组织都没有实际运行，解体后也没有将组织从民政局注销。它们中的不少当初成立的主要目的是为了获取那3 000元的补贴，对当地农业经济和组织的发展没有起到实际作用。

作社和专业联合社①三种基本类型。但同样的名词在我国的使用可能和其他国家的真实运营状况有着根本性的不同。举个例子，同样都称为专业合作社，日本的专业合作社（或称专业农协）在经营的业务、会员权利和义务上都与中国的专业合作社有着很大的差异，比如日本的专业合作社可以从事合作信用、合作金融业务，而且这些业务是合作社营利的主要部分，而我国的专业合作社基本上是不开展这两类业务的。这样的分类方法会导致，在使用同样的名词去研究合作组织的稳定性时，很难找出中国和其他国家存在差异的根本原因。

5.1-3 农村合作组织研究的纵向阶段

研究合作经济组织问题先从判断其所处的成长阶段做起是很常见的研究方法，因为不同成长阶段所面临的影响因素和受同一因素的影响程度是不同的，只有识别现阶段成长中存在的问题和障碍因素，才能采取有针对性的解决办法。大体上，合作组织的发展可以分为以下三个阶段：

（1）起步阶段。一般来看，农村合作经济组织的起步阶段都是从风险最小的项目开始做起，通过为社员共同购买农业生产资料和共同销售农产品，从采购商手里转移部分利益到社员手中，来增强社员对农村合作经济组织的归属感。然后在认同感的基础上，合作组织逐渐壮大。它完成起步阶段的特征是：内部运行机制基本形成，联结小农户和大市场的作用已经初步彰显。

（2）横向集中化成长阶段。这是指合作经济组织的生产规模和社

① 这三类名称的紧密程度按由松到紧排列。专业协会是较为松散的结合形式，也是目前我国农村合作经济组织的主要形式。在对18个省进行统计时发现，专业协会所占的平均比例为59.74％。其中内蒙古、贵州、四川、云南、甘肃和宁夏这6个西部省的比例分别是81.98％、77.57％、79.13％、89.07％、89.49％和70.05％。位于东部的山东省比例最低，只有39.07％。（孙浩杰，2008）

员规模进一步扩大。合作组织内部有效的利益联结机制有助于吸引合作经济组织社员进一步扩大生产规模；生产同类产品的农业生产者看到了联合的作用，通常也会加入合作组织中。横向成长阶段的主要目标是：通过数量的扩张，形成规模经济，获得更大的市场份额，提升合作经济组织的竞争力，从而提高合作经济组织在市场上的谈判地位。具体表现为主要通过收购同类产品以实现规模经济，基层农村合作经济组织数量减少，但每个基层合作经济组织的社员人数增加以及合作经济组织的营销规模和市场占有率扩大。

（3）纵向成长阶段（成熟阶段）。当合作经济组织实力进一步提高后，一些合作经济组织就会沿着产前或产后的方向扩张，形成纵向成长。尤其是内生性一体化，不仅延长了农业产业链条，提高了农业的比较利益，而且农业产业的既得利益也会回归于合作组织的微观主体农户，真正达到保护弱者、抗衡垄断的目的。合作经济组织纵向成长的结果是外部市场的内部化，从而带来交易成本的节约。

从西方发达国家农民合作的历史进程来看，农民的最初合作大都体现为横向水平合作，这种合作组织与制度着眼于将分散的农民联合起来，以形成对市场的抗衡力量，并保护农民的基本利益。合作经济组织的横向成长虽然可以在一定程度上增强组织的综合实力，但并不一定能够带来社员个体利益的增加。随着合作经济组织规模的不断壮大，一些横向合作经济组织为了满足社员的进一步需求，会转向同一产业链的上游或下游，即向产前和产后延伸，①演变成纵向的组织形式。

---

① 产前延伸是指向上游的农业生产资料环节延伸，在某些产业中，合作经济组织的业务可以向产前延伸。一般来说，生产设备要求和技术含量不太高的上游企业可以内部化到合作经济组织一体化系统中来。这样做既可以节省生产成本和交易成本，也不用承担太大的市场风险。产后延伸是指向农产品加工业发展。一般认为，农产品的深加工可以获得更高的附加值。以合作经济组织形式构筑农产品生产内环节与加工环节的垂直协作形式，以及盈利按业务量返还的机制，降低了交易品的质量验证、价值确认的成本。

我国对处于不同发展阶段的农村合作经济组织的运行和解体情况没有进行过统计。如果建立合作组织的原因是共同购买原材料、共同建造某公共品(比如修水渠)或共同销售,那么目的达到后解体是可以理解的。本章关心的是横向集中化成长时为何解体,因为这一阶段通常是第三阶段"纵向一体化"的前提,对这一发展阶段的稳定性研究是本章的重点。

目前,合作经济组织的研究大体上分为企业论、契约论和联盟论三种。我们基于合作经济所处的不同成长阶段将其进行粗略的归纳,具体如下所示:

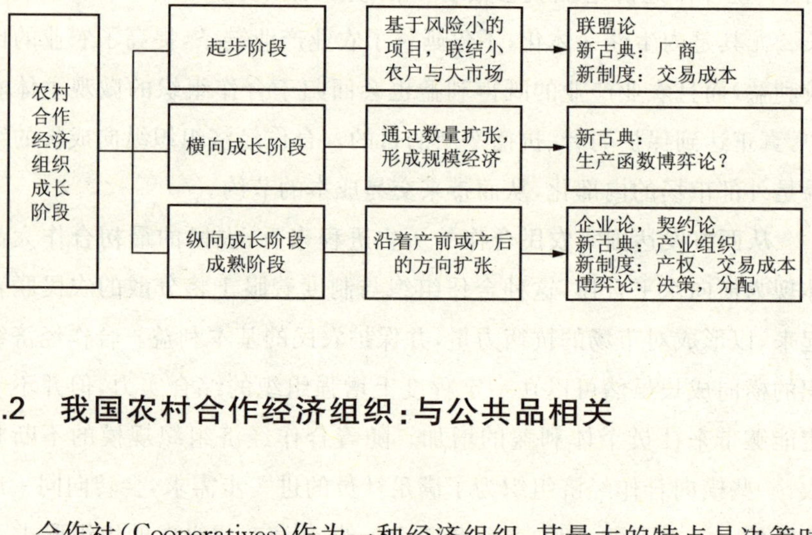

5.2 我国农村合作经济组织:与公共品相关

合作社(Cooperatives)作为一种经济组织,其最大的特点是决策时社员的一人一票制,以及难以转让的社员资格。它与股份制公司的差别很显著:股份制公司里股东的决策权由其股份决定(一股一票制),股东还可以通过出售股票转让股东资格。因此相比股份制公司的股东,合作社的社员们对合作社投入更多资金的动力相对会比较小。如此看来,合作社是一种机制上相对缺乏灵活性和正向激励的组织,为什么它还会存在呢?

观察中国的农业合作情况可以发现,中国农村不少的合作组织与农村承包地的整合使用有关。这种情况在国际上很少见。因为其他国家的农村土地一般都是私产,要保持土地主人的排他性使用也不困难。可是中国的农村土地是集体所有制,农户对承包的耕地的产权是有限的。在土地流通不畅的前提下,组建合作组织成为整合使用土地的重要途径。农户加入合作组织,就使得合作组织可以有效地排除组织之外的人使用公共资源。

我们还发现,由于土地资产具有公共品性质,这样的农村合作组织制度基本上只能规定一人一票制,不能简单根据每块土地面积的大小来确定每个社员对合作组织的决策权重和贡献。而且由于土地位置的固定性,往往使得成员权难以转让,或者转让成本很高。举一个最简单的例子:假设两家人比邻而居,门前有棵大枣树。那么,两家人可以为共同使用这棵大枣树的资源而结成合作社。但如果其中一家人要转让其社员资格,那么新的合作社要排除这家人继续使用这棵大枣树的资源的难度会非常大。

再以前述的凤阳赵庄村为例。赵世来要整合土地资源就会遇到这些问题:首先,农户不能把土地一次性卖给他,因为农户没有完整的产权;村集体也不能,因为国家对农村土地的流转有限制。其次,如果赵世来只把农户的土地租过来,不搞合作经济来和大家分享利润,那么前期的土地整合工作可能就根本完不成。整合一大片土地,需要挨家挨户地谈判,这个费用相对较高。但如果利用合作组织,村庄里只要有大部分农户支持赵世来的计划,这个问题就根本不需要赵世来操心,舆论压力和集体动员通常会帮他顺利地完成土地整合任务。①

① 在赵庄的土地整合中,曾经就发生过这样一个事情。当时为了做好整体规划工作,方便将土地集中起来,把小田变大田,并解决因建造公共设施而占用部分村民土地的情况。赵庄村拟采取抓阄的形式进行土地的重新分配。那些原本土地位置比较好的村民心里都不太愿意,生怕抓阄时运气不好抓到了不好的土地,因而抵触情绪较大。在出现僵局的情况下,一个村民代表站出来说:"如果到时候我抓到的地比你好,我的地随你挑,我和你换。"简单的一句话,让当时有抵触情绪的村民都变得非常不好意思,大家都纷纷表示不用换,同意抓阄。赵庄的土地整合问题快速得以解决。

5.3 合作组织的成员结构分类

在我国的不同地区同样称为“企业(或企业家、能人)＋农户”“政府＋农户”和“合作社＋农户”的合作组织，其组织成员的权利并非完全相同。例如采用订单式的“企业家＋农户”就和股份制公司的运作没有差别，但它和赵庄的“企业家＋农户”模式却有着本质的不同。采用发展阶段的分类也存在着同样的困扰。因此，本书试图通过合作经济组织成员间的互动形式进行重新分类，为本书的理论研究做铺垫。本书借鉴协调博弈理论中表述的社会网络之构成与互动形式，将合作经济组织分为以下三种基本类型：全局平等互动式、局部邻域互动式和中心化互动式。我们通过参与者 i 的邻居结构 $U=\{U_i\}_{i\in N}$（其中 N 表示合作经济中的总人数，$i=1, 2, \cdots, N$）来说明参与者之间的互动方式。下面依次进行说明：

(1) 全局平等互动(Global Interaction)。在这种组织中参与者的地位是平等的，每个人都可以和群体中的其他人产生博弈，其邻居结构可表述为：$U_i^g = N\backslash\{1\}(i=1, 2, \cdots, N)$，即每个参与者可选择的博弈对象与该组织的剩余人口是一致的。

(2) 中心化互动(Centralized Interaction)。在这里，存在一个特定的参与者，他在社会网络中占一个中心位置。所以其他参与者都会与他发生联系(即与他进行博弈)，并且只与他发生联系。这样的邻居结构可表述为：$U_1^c = N\backslash\{1\}$，$U_i^c=\{1\}$，$i=2, 3, \cdots, N$。

(3) 局部邻域互动(Local Interaction)。这是一种介于全局互动和中心化互动的一种中间方式，它的种类很多，与前面两种模式比较，参与者的邻居表现出相对范围较小、具有重叠互动的特点。本章将介绍其中的一种形式。为了具体化和简单起见，将参与者按照一个循环来安排(如图 5.A1 所示)，它等同于沃克机制，每个参与者 i 位于参与者 $i-1$ 和

$i+1$之间,该参与人只与相邻的两位进行博弈,这等于规定了他的邻居结构为:$U_i^l=\{i-1, i+1\}$, $i=1, 2, \cdots, N$。

从以上定义可知,全局平等互动是对“一人一票制”的生动描写,体现了“合伙制”企业的特点。中心化互动则合适用来表述股份制企业的成员结构。目前,对于“局部邻域互动”方式,理论上有解,但没有现实可操作的案例(参见附录5A.2)。

将农村合作组织看作“股份制企业”来研究是很多学者采取的方式(本书第2章对其有一个文献综述),相关的经济文献非常多。它属于产业组织研究的范畴,是否冠以“农村”二字无关紧要,分配问题(Shapley值)是其研究的重点。但将农村合作组织看作“合伙制”企业来研究的文献很少。实际上,“全局平等互动”这种合伙制的组织形式在中国农村合作组织中占有很大的比例。一方面,我国农村合作组织尚不成熟,基本处于起步阶段和横向集中化成长阶段,这两个阶段主要体现的是劳动和土地的联合,自然会采取“全局平等”的互动模式。另一方面,对于能人和地方政府领头的合作组织,基于公平原则和土地产权制度的考虑,也基本上采用了“全局平等”的模式。

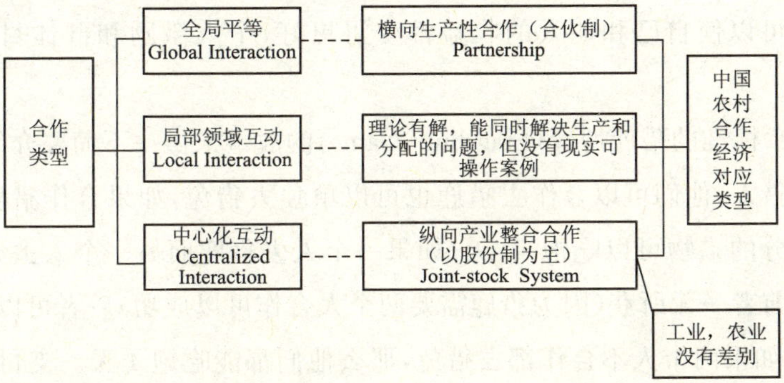

5.4 全局平等与对称协调博弈

全局平等互动意味着人与人之间的博弈方式是对称的。一个合作组织的稳定性取决于它的成员是否会退出以及成员的退出对整个合作组织稳定性的影响。

5.4-1 合作博弈与协调博弈的区别

在博弈论中，“合作”(cooperation)一词和我们平时泛指的不同，根据博弈类型，对称博弈有“合作”与“协调”(coordination)的细微区分。

我们通过表 5.1 的对称博弈做一简要说明。

表 5.1 博弈的合作与协调

	合作	非合作
合作	2，2	0，x
非合作	x，0	1，1

当 $x \geqslant 2$ 时就是典型的囚徒困境，它是合作博弈的一种，当个人激励与集体目标不一致，它要求参与人把个人目标放到第二位，而把集体目标放到第一位；当 $1 \leqslant x < 2$ 时是猎鹿型的协调博弈；当 $x < 1$ 时是最小努力型的协调博弈。所谓“协调”就是指参与者同时改变行动可以使自己和他人的收益都变得更好，个人激励和群体目标不冲突。

拿标准的猎鹿博弈(Stag-hunt Game)的故事来做一下简要介绍：有两个猎人，他们可以合作去猎鹿也可以单独去猎兔，如果合作猎鹿，两人平分的猎物可以吃饱 10 天；如果一个人去猎鹿而另一个人去猎兔，那么前者一无所获(因为猎鹿需要两个人合作可以成功)后者可以吃饱 4 天；如果两个人不合作都去猎兔，那么他们都能吃饱 4 天。支付矩阵如表 5.2 所示。该博弈有两个严格的纯策略纳什均衡(猎鹿，猎鹿)和(猎兔，猎兔)，而且这两均衡存在严格的帕累托序关系。均衡策略的选择不仅依赖于每个参与者对其他人是否选择相同行动的预期，还依赖于参与者对风险与支付的态度。猎兔策略是一个保险策略，猎鹿策略帕累托优于猎兔策略。

表 5.2 标准的猎鹿博弈

	猎鹿	猎兔
猎鹿	10,10	0,4
猎兔	4,0	4,4

按 Harsayi 和 Selten(1988)的定义,猎鹿均衡是支付占优的,猎兔均衡是风险占优的,但因为对对方将要采取的行动抱有不确定性,参与者对共同合意结果(猎鹿)的协调可能出现失灵。最小努力博弈也说明了同样的问题,不过它对双方的信任要求更高,只要有一方没有默契配合,双方都会损失惨重。

这类协调博弈说明,只有所有人都能够正确地预期,在多个纳什均衡中才会存在唯一解,即均衡选择依赖参与者之间对博弈进行有充分相似的信念(Crawford and Haller, 1990; Crawford, 1995)。因而,协调博弈是信任博弈的一种。

可以说,这种信任博弈是人们对选择"现代农业"还是退回到"传统农业"生产的一个较好的描写。家庭联产承包责任制之下农户保持独立分散的"传统农业"生产模式相当于"猎兔"行为,而选择加入合作经济组织则是为了达到"猎鹿"的目标,但农户在他人选择合作而自己选择非合作时,一般也不能得到什么额外收益(即 $x<2$),最多退回到传统农业状态(即 $x=1$)。因此,本书改用信任博弈来替代林毅夫一文中的囚徒困境博弈,重新分析新时期下我国合作组织的稳定性。

5.4-2 协调博弈的演化稳定分析

鲍尔斯(Bowles, 2002)做过一个总结,具体如下:

表 5.3 协调失灵的来源

	帕累托劣解 纳什均衡存在	没有帕累托劣解 纳什均衡
没有帕累托劣解 纳什均衡	囚徒困境	—
有一个帕累托 最优纳什均衡	信任博弈	看不见的手

囚徒困境和信任博弈的区别在于，在囚徒困境中，不合意的结果是唯一的纳什均衡，因此，确保任何其他结果产生的唯一方式就是通过永久性的干预来改变支付或博弈规则。但是对于信任博弈（它是本书研究的重点），它同时存在有效率的均衡解与无效率的均衡解，即合意结果也是一个均衡，它需要解决的是“如何达到”并维持的问题。

本节将通过演化博弈研究“囚徒困境”和“信任博弈”中哪个帕累托最优解将如何维持长期稳定的问题。

假设一个农村合作经济相当于一个 N 人参加的无穷期博弈（N 是社员人数）。每个人有两个策略选择：“合作”与“不合作”。其中占 $x(t)$ 比例的人在第 t 期开始的时候，会选择“合作”策略，而其余的人会选择“不合作”策略。$x(t)$ 是一个以时间为自变量的函数，函数值区间在 $[0, 1]$ 之间。在后面的讨论中为了方便有时会把它简写成 x。

x 初始值由博弈参与者的初始预期决定。假定博弈的参与者可以分为两类人。一类人较为乐观，对合作社收益有较高预期，他们在第一期会采取合作的策略。另一类则比较悲观，对合作社收益预期较低，在第一期会采取不合作的策略。x 的初始值就是乐观的人占社员总数的比例，它的初始值可以刻画合作社在进入规则上的差异：如果合作社是参与者自由选择进入，那么合作社社员会以乐观类行为人为主体。①如果合作社是由行政命令强行组建的，那么合作社社员当中持悲观态度的人相对会占较高比例。此外，合作社所持有的公共资源的性质也决定了两类行为人的比例。如果这种公共资源可以由任何一群数量足够多的人提供，那么乐观者占社员比例会较高，因为持悲观态度的人不参加合作社，也不会影响合作社的建立和运行。如果公共资源必须由某一批固定的、难以和他人交换“机会”的人员提供，那么悲观者所占比例相对会较

① 由于每次更改合作社的进入退出规则，就会改变人们对合作社的态度，因此每次合作社的合约条款发生变化的时候，x 的初始值都会重新调整，而不是依赖于调整前的值。

高，因为客观条件要求这些悲观的人必须要留在合作社里才能保证合作社的正常运行，这些社员的加入在一开始可能有勉强的成分。

合作社第 t 期的收益矩阵如表 5.4 所示：

表 5.4　一般的 2×2 协调博弈

i \ j	合作	不合作
合　作	a^E, a^E	b, c
不合作	c, b	d, d

其中 a^E 表示所有参与者都采取合作策略时的期望收益，b, c, d 都是确定的值。a^E, b, c, $d \geqslant 0$ 且 $b < d$，表示在其他社员不合作时，单个社员采取不合作策略的收益更高，这种假设合乎合作社的特征。至于 a^E 与 c 之间的关系的确定就要复杂一些。如果 $a^E < c$，即当别的社员合作时，自己不合作可以获得更高的收益，那么该博弈就成为“囚徒困境”博弈；如果 $a^E > c$，则当其他社员都合作时，自己合作相比不合作可以获得更高的收益，这时该博弈就成为信任博弈。具体 a^E 与 c 的大小关系，要依赖不合作的社员是否容易被其他合作社员所发现。这与合作社的工作性质、拥有的公共资源的种类、社员的人数及相互关系等因素有关。举例来说，如果社员数量较少，相互之间比较熟悉，对合作社的运作都比较了解，采取不合作策略的社员就比较容易被发现并受到惩罚。反之，如果社员数量较多且互相不熟悉，对合作社的运作不够了解，不合作的社员有可能避免受到惩罚，从而享受较高的收益。

选择“合作”策略的农户期望收益是：

$$E_1 = x \cdot a^E + (1 - x)b \tag{5.1}$$

选择“不合作”策略的农户期望收益是：

$$E_2 = x \cdot c + (1 - x)d \tag{5.2}$$

全体社员的平均期望收益 $\bar{E} = xE_1 + (1 - x)E_2$，则该群体的标准复制

动态方程表示如下：①

$$\frac{dx}{dt} = x(t) \cdot [E_1 - \bar{E}] = x(1-x)[x(a-c)+(1-x)(b-d)] \triangleq f(x) \tag{5.3}$$

根据式(5.3)可以确定该博弈的演化稳定策略(Evolutionary Stable Strategy, ESS)。

令 $\frac{dx}{dt} = 0$，可以计算出存在 $x_1^* = 0$，$x_2^* = \frac{d-b}{a-c-b+d}$，$x_3^* = 1$ 这三个可能的均衡解。其中 x_1^* 与 x_3^* 是标准的纳什纯策略均衡。因为 $b < d$，x_2^* 是否落在[0, 1]之间依赖于 a 与 c 的值大小。当 $a < c$ 时，x_2^* 或小于 0 或大于 1，可以排除。当 $a > c$ 时，x_2^* 处在[0, 1]上。

现在，需要从这三个解中找出稳定解。稳定解意味着对微小的扰动具有稳定性，能自动收敛到原来的均衡态，即要求 $f'(x^*) < 0$。已知

$$f'(x^*) = -3(x^*)^2(a-c-b+d) + 2x^*(a-c-2b+2d) + b-d \tag{5.4}$$

则 $f'(0) = b-d$，$f'(1) = c-a$。

因为 $b < d$，所以 $f'(0) < 0$，故 $x = 0$ 是一个稳态均衡，这个稳态实际上是合作社瓦解的状态。也就是说如果合作社成立以后瓦解，则重新成立恢复运作的可能性极小。

当 $a < c$ 时，还存在均衡 x_3^*。因 $f'(1) > 0$，则 $x_3^* = 1$ 不是演化稳定的。它的演化图形如图 5.1 所示。这时即便最初所有社员都持乐观态度，一旦出现采取不合作策略的社员，x 就会持续降低，最终收敛到 $x = 0$ 的水平。

---

① 由于在复制动态方程里，用的是期望值，为了书写方便，目前我们直接用字母 a 来替代 a^E。

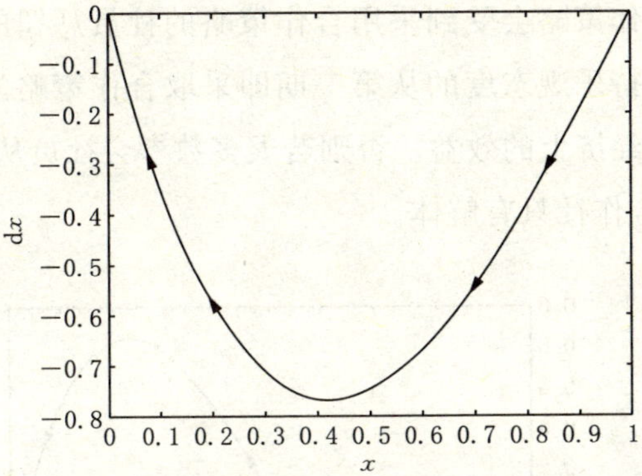

图 5.1 囚徒困境下的 ESS

中国的农业集体化进程,从初期的干劲十足、大干快上,到后来的消极怠工、出工不出力等,一个重要的催化剂就是不认真干活但是照拿工分的人的出现。这些人的行为迅速被其他社员所模仿,使得生产效率和士气不断下降。在当时的人民公社里往往充满着对奉献精神、利他精神的推崇,对只付出不求回报的行为大力褒扬,实际上是试图增加采取不合作策略社员的心理成本,减缓 x 向 0 值演化的速度。

对于"信任博弈",我们知道 $b<d$,且 $a>c$,即 $f'(0)<0$, $f'(1)<0$,此时 $0<x_2^*=\dfrac{d-b}{a-c-b+d}<1$。这说明在(0, 1)区间,仍有一个点 x_2^* 使得 $\dfrac{dx}{dt}=0$。但由于 $f'(x_2^*)>0$,根据微分方程的稳定性原理,$0<x_2^*=\dfrac{d-b}{a-c-b+d}<1$ 不是该博弈的演化稳定策略。但是 $x_1^*=0$ 和 $x_3^*=1$ 同为演化稳定策略,哪一个才是最终的演化稳定策略?它依赖于 x 的初值。

根据方程对应的相位图 5.2 我们知道,当 x 的初值落在区间$(0, x_2^*)$时,动态演化趋于稳定状态 $x_1^*=0$,即所有农户最终选择不合作。而当 x 的初值落在区间$(x_2^*, 1)$时,动态演化趋于稳定状态 $x_3^*=1$,根据对预期的不断修正,农户最终都采取积极合作的态度。因此,即使在社员的不合作策略会受到采用合作策略的社员惩罚的时候，也需要有较大比例的持乐观态度的从第一期即采取合作策略的社员参与，合作社才能取得经济上的效益。否则若大多数参会社员从一开始即采取不合作策略，合作社只有解体。

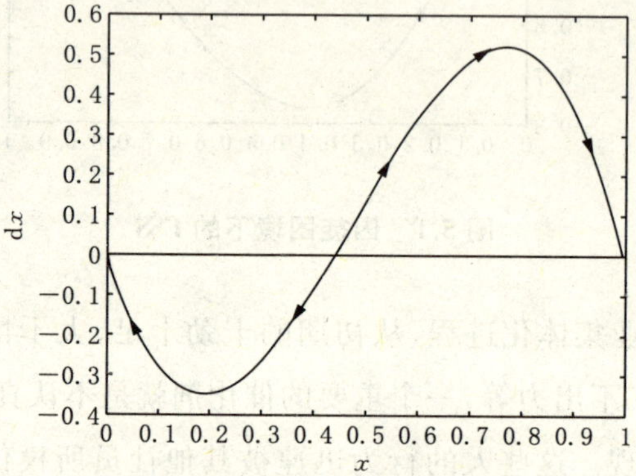

图 5.2 协调(信任)博弈的 ESS

换个角度看，x_2^* 的值是由 $(a-c)$ 与 $(d-b)$ 的比值决定。$(a-c)/(d-b)$ 越大，则 x_2^* 越小。假设参加合作社所需的投入是一次性的，在退社时可以收回投入，则加入合作社并留在合作社里相当于采取合作，退出合作社相当于不合作策略。$(a-c)$ 可以看作当其他社员仍然留在社内时社员的退出成本，这种成本不仅包含所放弃的社员权利的价值外，也包含承担社合约安排中对提前退出的社员的惩罚性措施(如罚款等)造成的损失。$(d-b)$ 则是当其他社员退社后，继续留在社内相比退社造成的损失。显然，如果在合作社的合约安排里增加对退社行为的惩罚力度，则 $(a-c)$ 会增加，而 $(d-b)$ 会减小，则 x_2^* 值会减小。这时给定入社社员中持合作态度的人数比例，合作社更有可能会收敛到有效率的均衡 x_3^*。

下面的这个假定就是从这个角度去计算惩罚额度的。如果限制人们的自由进退，比如，如果发现参与者有“不合作”的行为，则对其进行惩罚 P，那么他们都不合作的最终收入为 $d-P$，这样将会出现下面的情形：

只要 $P>0$，那么区间 $\left(\dfrac{d-P-b}{a-c-b+d-P},1\right)\supset\left(\dfrac{d-b}{a-c-b+d},1\right)$，这意味着惩罚额度 P 越大，x 的取值范围越大，收敛到积极合作状态的有效范围越高。一旦 P 高到 $d-P\leqslant b$，$x_3^*=1$ 是唯一的演化均衡策略，如图 5.3 所示：

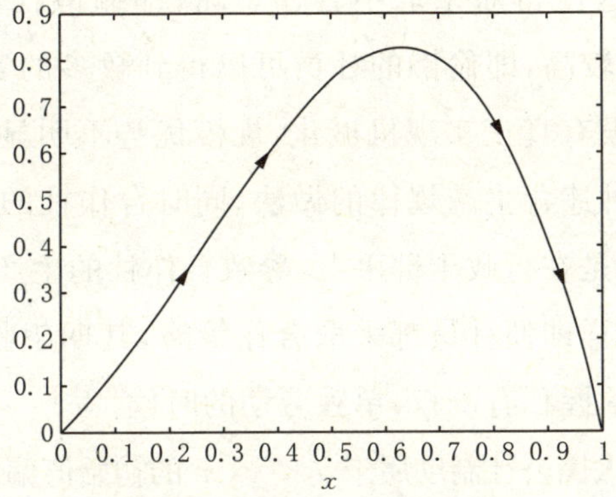

图 5.3　退出有限制下的 ESS

5.5　应用于赵庄案例与中国农业集体化经验

现在以上面描述的模型具体分析中国农业集体化经验与赵庄案例之间的差别。

中国农业集体化进程自 1953 年土地改革结束之后开始，于 1958 年达到顶峰，后施行到 1980 年初逐渐式微。①从农户自愿加入、不合并土地与其他生产资料的小范围的农业生产互助组，过渡到初级农业生产合作社，高级农业生产合作社，最后形成“一大二公”的人民公社。农业集体化的过程是以行政命令为主导的，建立起来的人民公社无论

① 农业集体化概况可参考：张培刚，廖丹清(2002)，第 523—543 页；周其仁(2004)，第 1—50 页；杜润生(2005)，第 24—95 页。

大小，参社农民成员都由政府划分，经营管理由政府行政干部领导，自土地、生产资料，乃至劳动力，入社农民都不能保留任何私有产权。这样形成的生产合作社，其博弈模型的初始 x 值偏低，因为持悲观态度的农户仍然被包含进公社体制中。其次，公社的范围过大，1958 年辽宁、河南和北京郊区等地区每家公社平均有几千户农户，最多的高达 18 000 多户。这使得对采取不合作策略，即偷懒社员的监督成本较高，这样 c 就比较高，即偷懒的社员可以得到较多的实惠。第三，当时的农业生产并没有真正实现机械化，规模优势不明显。由于在行政命令下采取了各种违背生产规律的做法，同时合作社的决策权没有掌握在社员手中，而是在行政干部手上，导致合作社的生产分配决策不能做到因地制宜，这样即便社员都采取合作策略，其期望收益 a 都在下降，低于农户自己掌握私有产权，单独劳动的时候。①

总的来说，人民公社制度属于 $a < c$，x 的初始值偏低的情况。而且 a 值甚至小于农户单干的收益。如果不允许农户退出，根据前一小节的结论，稳定的博弈均衡是 x_1^*，农户的收益是 d。如果允许退出，则退出公社单干的农户的收益可以超过 a，留在社内的农户应该获得至少不低于单干农户的期望收益。这样废除退出权确实会造成极大的生产效率损失，而恢复退出权则可以极大地改善农户的收益。

赵庄的例子则有很大不同。首先，赵庄在建立合作组织时，只集中了农户的土地资源，种植速生林，由于采用了集中化专业化经营，而且进行了公路和水利投资，参加合作社的农户收入得到了迅速的提高。由于农户只

① 我们在此给一个数学的补充说明。从生产函数角度看，假定需要 n 个个体同时配合劳动才有 $Q = AK^{\gamma}(na)^{\beta}$，只要中间过程有人偷懒不合作，集体将获得极低的产量 $\underline{z}$，它低于以家庭为生产单位的产出 z_0（$z_0 < Q/n$）。假定每个个体合作的概率为 p，则整体的期望产出为 $p^n \cdot AK^{\gamma}(na)^{\beta} + (1 - p^n)\underline{z}$。我们知道，只要 $p < 1$，即使 p 值有可能很大，最终的收敛值 $\lim\limits_{n\to\infty} p^n \cdot AK^{\gamma}(na)^{\beta} + (1 - p^n)\underline{z} = \underline{z}$。也即是，合作人数越多，越难以达成一致，集体的期望收益也越低。

需要一次性投入土地，因此不存在偷懒等不合作的选择，唯一的不合作选择是收回土地自己耕种，所以 $a > d$。由于赵庄在集中农户分散的承包地进行统一规划时，需要土地连成一片的农户们都入社。这样，合作社建立支持，是拥有相对比较少的自由权去筛选入会农户的。不过合作社为了调高 x 的初始值，仍然做了一些努力。对于不愿入社的农户，将其土地与同村内愿意入户的农户做了置换调整，转换到没有划入合作社土地范围的部分。当赵世来与农户签署 10 年协议的时候，农户不能违背合约，不能提前把土地收回，所以 c 值比较低，此时 $a > c$。初始值 x 虽然不算高，但因为 a 值较大（合作化的收益高），初始时，处在 x_2^* 的右边，实现了到 x_3^* 的有效率均衡。但到了 2005 年，由于国家出台新政策，农民有权利收回原来已经流转出来的承包地。这样赵庄的合作社对农户的退出约束大为降低，同时由于当初赵世来对村内公共环境的投入使得土地承包价格上升很快，即 c 猛升超过了 a，使得 x_1^* 成为稳定均衡，因此合作经济面临瓦解。

通过对上述两个案例的分析，对于合作经济，我们可以做这样的推论：

第一，增加社员的选择自由，允许农户自由选择，会提高合作社的 x 的初始值，同时减小 c 值，使其更有可能达到有效率的均衡。

第二，入社农户所需投入的资产性质决定了 c 值大小。资产的使用效率越不容易考察，c 值越高；越容易考察，c 值越低。劳动力与土地是两个极端。为了实现有效率均衡，合作社应该多集中使用容易考察农户投入的资产，少集中使用不容考察农户投入的资产。

第三，当合作社里的社员不是自愿选择加入合作社（x 初始值较低），且社员的不合作策略较难监督（c 值较高）时，此时增加退出的自由会改善 x 初始值，同时降低 c 值，使合作社向有效率的均衡转变。

第四，当合作社的社员是自愿加入合作社且社员的合作策略容易监督（x 初始值高 c 值低）时，此时增加退出自由会增加 c 值，并降低合作社的规模效应（降低 a 值），$(a - c)$ 值随之下降，使得合作社向无效率的均衡转变。此时，对退出进行一定的限制可以维持系统的稳定。

5.6 日本、美国的农业合作组织的启示[①]

日本与美国在农业合作社方面的经验为检验本章的模型提供了案例，同时也有可能为中国发展农业合作社提供借鉴。两国在合作社的发展和运营上表现出一些共性：

（1）极少有生产型合作社，一般以服务型合作社（即提供各种原材料供应、市场销售、金融等服务）为主。这是因为农业生产过程中涉及各种各样的生产活动，每个生产活动对最后产出的影响都难以估计。而且包括土地在内的各种生产资料的分散经营使用效率损失相比大规模经营而言并不大，所以合作生产时期望效用 a 不是很高。但监督农业合作生产过程中的“不合作”策略成本 c 很高，所以生产型合作社一般难以维持有效均衡。而服务型合作社则只需农户按规定投入一定数额的资金，其运营则依赖于以优惠的价格对农户提供市场渠道以及金融服务。所以监督农户是否合作的成本很低，只需要检查农户是否交足该交的各项费用即可。服务型合作社掌握的公共资源实际上是社员组成的一个信息与信用的网络。由于这种网络在社员进入和退出方面可以保持相当的灵活性，其初始 x 值也相对较高。但合作社对社员的退出都是有条件限制的，尤其是时间上的限制。

另外，服务型合作社可能会对社员产出的农产品进行统一加工、储藏，进行质量管理，建立品牌信誉，有时还为社员购入各种农业机械设施，以降低社员单独购买的费用。它们还可以给社员提供各种信贷服务。这样，合作社实现了其成立的初衷，发挥规模优势，实现风险分担。

（2）合作社的建立、功能、大小、治理结构与其他合约安排是多样

① 这一节的总结主要参考了两本书：章政《现代日本农协》(1998)和樊亢、戎殿新主编的《美国农业社会化服务体系——兼论农业合作社》(1994)。

化的,给予农户较为自由的选择。这相当于给予农户自由的合约选择权,促进了合作社运营的交易费用的降低。这在美国表现得尤为明显。

(3) 各种合作社与私人企业一起竞争,争夺市场份额。这样,农户可以在合作社服务与私人企业服务之间自由选择,迫使合作社提高服务质量。而合作社的存在也改善了农户的处境,降低其经营风险。以日本的农村金融为例,日本农户既可以从私营银行借贷,也可以从农村信用合作社借贷。这样促进了农村金融业的竞争,改善了金融服务的质量。

(4) 诸多合作社的成立经营以农业专业化为前提。正是许多专业生产某种农产品的农户大量出现,促成了专为某种农产品的原材料供应、销售提供服务的合作社出现,比如针对牛奶、某种肉类或者某种水果的专业服务合作社。在美国,这类合作社尤其盛行。

(5) 很多政府对农村地区的经济政策通过农村信用社得以实现。以美国为例,美国幅员辽阔,广大的农村地区铺设电力网、通信网的成本很高,而且这类需求也相对较小。商业的电力网络与通信网络运营公司没有动力到农村地区铺设网络。因此,美国通过法令鼓励农户成立电力或通信合作社,向美国政府有关部门申请贷款,建设电力网与通信网。这样就避免了政府直接投资运营农村地区的电力通信网络的麻烦和低效率,同时也调动了农民的积极性。

日本的农协在这一方面表现得尤为明显,从很多方面看,农协提供的服务,如合作医疗、推广生产技术、开展教育文化活动等通常是政府提供的服务。从农协的盈利情况看,农协在生产技术推广方面的业务是亏本的。实际上农协是用它在其他方面,如金融、保险、合作购买销售等方面的收入来补贴生产技术推广这种具有公共品性质的服务。日本农协的架构也很“政府化”:其纵向架构从基础农协到全国联合组织,如全国农协中央会、全国供销联合总会、农林中央金库以及全国工作保险联合总会等,如同是几个政府职能部门及其下面的分支机构一般。日本的这种做法,相当于把一部分的政府公共职能,交给由农户自已组成、在治理上实现自治的农协来办理。这部分的公共职能服务对象是农民，由农民自己的组织管理，可以避开很多政府自身的激励缺陷，降低效率低下和资源浪费的情况。

值得强调的是，日本的法律规定农协可以自办信用事业。日本农协自组建后就抓自己的金融系统，它以独立于商业银行的方式组织农协会员手中的剩余资金开展以农协会员为对象的信贷服务。其金融活动的主要特点是：不以营利为目的，旨在为农协全体成员服务；资金主要用于发展农业生产，提高农民生活水平；同国家的农业政策和金融政策密切配合。日本农协对资金的组织和信贷非常重视，要求农协会员将闲置资金存入自己的信用组合，如存入商业银行则视为背叛行为。为保证资金的顺利组织，农协狠抓资金的投放和信誉，保证用在农业生产和农民生活两大领域，确保信用工作真正成为会员办事的金融组织。

表 5.5　日本农协经济活动的部门平均收益情况

	纯收益(单位：万日元)	成本费用(单位：万日元)	收益率
合作信用业务	31 955	66 717.5	47.90%
合作保险业务	20 913	2 751.3	760.11%
生产资料合作购买	25 695.7	169 350.8	15.17%
农产品共同销售	5 879.5	9 150.2	64.26%
农业设施合作利用	3 143.9	5 060.02	62.13%
农业生产技术推广	−1 326.1	2 817.5	−47.07%
农产品加工	882	5 329.5	16.55%

数据来源：章政，《现代日本农协》，中国农业出版社 1998 年出版。

通过上表我们可以看出，农协的金融业务给他们带来了很大的经济效益，尤其是合作保险业务。对比我国农业合作组织的发展思路，生产资料的合作购买和农产品加工常常被看作是合作组织发展的重要方向，但实际上，它们的收益率并不高。金融和销售业务才是合作组织得以盈利的关键。另外，农业生产技术推广为负，正好印证了本书第 4 章的观点——农业技术是公共品。

5.7 本章小结

理论上,解决全局平等互动不稳定的问题基本上有三种方式:私有化、政府或外部力量的管制,以及本地居民间的互动。这三种方式有时分别称为市场、政府和社群(Ostrom, 1990; Ouchi, 1980; Taylor, 1987; Bowles and Gintiss, 2002)。实践中观察到的大多数方法往往结合了三种方法的不同元素,但在这里我们将其分开以便厘清其性质。

1. 私有化

我国目前的土地制度限制使得很多与土地有关的资源整合,必须借助于合作组织的形式,而不能采取转让、买断的形式。但农地本身是不适合作为合作社的公共资源的,这从日本和美国的例子中已经可以看出来。强调土地流转甚至私有化是我国学者讨论的农业问题的热点。

2. 外部管制

通过外部力量提供金融和保险业务,降低人们对预期风险的担忧在理论上是一种可行的办法。但由于我国的农业生产仍然受自然条件、气候等因素的影响,生产的被动性很大,同时农业结构调整的周期性都较长,往往在5年以上,又没有农业保险补偿,高风险低收益导致了农村金融部门严重缺失。而农业风险的高度关联性不能满足商业保险的风险独立性和随机性的要求。我们知道,保险要能够稳定地实现"风险分散和组织经济补偿"的职能,首要的前提条件就是要求承保的风险必须是"独立的随机事件"。这样,发生了保险事故的那部分风险单位的损失,才能在保险公司集中的所有风险单位集合中实现有效的分摊。而农业风险,无论是农业气象风险,还是病虫草害风险,风险单位在灾害事故及灾害损失中常常表现为高度的时间与空间的关联性。

我国的农业发展投资基本都是靠地方政府的政策性金融来扶持。在农民启动资金不足的情况下，地方政府对农业发展在资金上的扶持作用必不可缺。但政策性金融和历届政府的任期目标高度相关，县级干部的任期通常只有2—4年，一旦新上任的领导不再支持前任的发展目标，后续资金就失去了来源。农民们的固定资产又只有土地和房屋，现有土地制度使得土地在流转过程中存在障碍，农民的住房和土地使用权在短期内难以成为有效抵押。因此，一旦某个发展中的项目失去政策扶持，而贷款资金又同时缺位，必定导致项目的突然中断，给农民造成巨大损失。赵庄在改造初期，地方政府在促进土地流转、资金流动和政策支持上给予了很大的支持，一旦政府换届，这些支持是否还会持续，发生纠纷时新一届政府能否给予合理的判断和支持，这都是难以预料的事情。

政府的某些公共职能，以及对农村地区的经济政策，可以考虑通过农业合作社来完成。由于合作社自治、民主的性质，具备提供公共品的能力，而且可以避免政府的各种激励缺陷。例如，开放农村金融服务，运行农户自己成立的合作组织经营金融、保险业务，增加与农信社的合作，改善农村金融服务的供给。日本和美国的经验表明，信用与保险合作社在农村金融服务上，可以很好地发挥风险分担的功能。

实际上，我国目前常采取的外部管制办法，通常是打破“一人一票制”的平等决策方式，将“全局平等互动”的形式转向“中心化互动”的形式来实现的，比如让“企业”介入。小岗村的合作组织在生产决策上采取了“全局平等”模式，在销售上就是采取了这种企业介入的“中心化互动”的模式，引入加工厂收购农产品，结果几年下来合作组织无法维持。我们知道，在订单合同的安排下，即便是具有“保护价”规定的订单，来自加工和销售的利润最终归属于企业而不是农户。这种模式不是一种积极的解决模式。

3. 本地社群互动

一般认为，退出权是提高合作组织效率的重要保证。但这取决于合作社本身是只存在无效率均衡还是也可能存在有效率的均衡。如果存在有效率的均衡,通过人员的筛选机制确立进入门槛,引入一定的惩罚来防止短视行为对合作组织的伤害都是非常有必要的,切忌为了盲目追求参与组织的人数的多少,而伤害了合作组织的根本利益。由于我国很多地方会员制度过于宽松和刚性,农民进入合作经济组织没有障碍,退出合作经济组织也没有限制,无形中助长了他们的"短视行为",合作初期的投资愿望到后期演变成了后投机行为。赵庄案例就是这样,企业家承担了大部分风险,却无决策权,农民搭便车,在土地升值后却有退出权,如此下去全局平等式的合作形式是非常容易瓦解的。现在国外很多合作经济组织采取限制人员数量和筛选会员的办法,但国内比较少见。20 世纪 90 年代美国出现的"新一代合作社"(New Generation Farmer Cooperative)采取的"社员资格不开放"的措施,就是鉴于传统合作社里社员进出自由,使得合作社的规模和产出很不稳定,固定资产难以合理使用,也影响了合作社的信用,于是新一代合作社不得不采取了限制社会资格的方式。如果我们因地制宜,修订"一户一成员一票"的制度,采取"一户复数成员"制度,发放"准会员"资格等稍微灵活一点的制度改进对合作组织的稳定也是很有帮助的。

附录

5A.1 我国农村合作经济组织的发展状况

总体来看,我国的农村合作经济组织的发展现状并不如人意。①虽然从数量上看,"据农业部门统计,目前中国农村有各类合作经济组织

① 本书研究的我国农村合作经济发展状况的时间起点为 20 世纪 90 年代中后期,因为我国的经济转型从那个时候开始,也是自那个时期以后农产品销售难等问题才日益突出。而在此之前的 80 年代虽然也有合作,但它主要是以农业技术的合作与交流为主,本书不予过多的关注。

140多万个”，但“其中规模较大、管理较好、活动比较规范的（据农业部2004年初提供的材料）全国30个省、市、自治区（不含西藏）共有95 330个。”根据2006年农业部副部长尹成杰的报告：“全国农民专业合作经济组织达到15万多个，成员2 363万户，占全国农户总数的9.8%；带动非成员农户3 245万户，占农户总数的13.5%，两类农户合计占全国农户总数的23.3%。”①上面的数据仅仅反映了人们参与合作经济组织的情况，对于已经成立的合作社，它的运营情况也不是很理想。陈锡文、韩俊在2002年的《农业、农村经济新发展阶段的体制创新》一文中就提及“……目前各种类型的农民合作组织普遍存在规模不大，发展不快，管理制度不健全，以及改组、解体过于频繁，稳定性较差等问题。”2004年农业部的研究报告还指出，我国目前绝大部分合作经济组织涉及的领域还是集中在种养业，其中种植业比重最高为42.87%，养殖业（包括畜牧业、渔业）的比例为33.98%，基本停留在初级农产品的销售领域。虽然近年来的情况逐渐好转，但可以说我国农村合作经济组织依旧处于发展的初级阶段，合作经济组织与成员间的利益关系仍然不够紧密，组织也大多处于松散、随机运作状态，对农民的带动作用并不明显。

我国不同地区的农村合作经济组织的发展也是千差万别的。其中拥有合作组织数量最大的是山东，有15 395个，其次是湖南10 438个；最少的是青海128个，其次是海南348个。如果按照会员数占乡村总户数的比例看，最高的是北京34.92%，其次是陕西13.93%；青海最少只有0.41%，其次是贵州0.91%。②

---

① 前面的数据来源于全国人大农业与农村委员会课题组2004年《农民合作经济组织法立法专题研究报告》；后面的数据来源于中国农业信息网http://www.agri.gov.cn，2006年7月10日农业要闻。

② 资料来源：全国人大农业和农村委员会课题组：《农民合作经济组织法立法专题研究报告》，《农村经营管理》2004年。

5A.2 局部邻域互动:沃克机制下的林达尔均衡

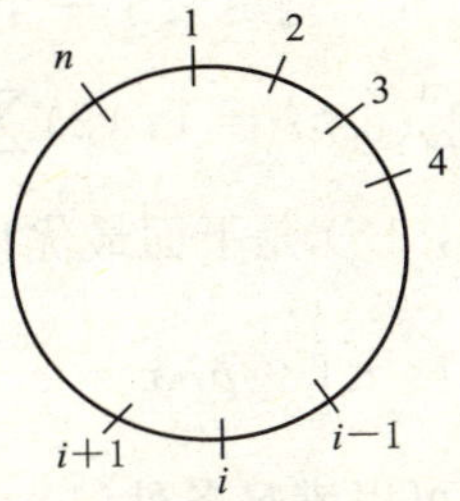

图 5.A1 局部邻域互动示意图

有可能设计一种机制使它的个人动机和某个(给定的)社会期望标准一致么?沃克给出了一个机制。在独立的模式下,每个个体给出一个信息 $m_i \in \mathbb{R}$。给定信息组合 $m \equiv (m_1, m_2, \cdots, m_n)$,该机制决定的获得收益的标准(或门槛值)$x = \psi(m) = \max\left\{\frac{\sum_{i=1}^{n} m_i}{n}, 0\right\}$,当然要求它是非负的。假设每个参与人 i 付出的努力决定如下:$c_i = \left(\frac{1}{n} + m_{i+1} - m_{i+2}\right)\psi(m)$,$(i = 1, 2, \cdots, n)$。求和后我们有:

$$\sum_{i=1}^{n} c_i = \sum_{i=1}^{n}\left(\frac{1}{n} + m_{i+1} - m_{i+2}\right)\psi(m) = \psi(m) = x$$

这意味着,对任意的信息组合 m,由机制决定的个人付出的集合 $(c_i)_{i=1}^{n}$ 刚好足够生产那些由同样信息导致的门槛为 x 的投资项目,也就是说,该机制期望的总体可行性能得到保证。

因此,我们可以得出结论,该机制能够产生一个有 n 个个体的博弈,其中各自的策略空间为 $S_i \in \mathbb{R}$,支付函数为:

$$\pi_i(m_1, \cdots, m_n) = U_i\left\{\psi(m), \left(\frac{1}{n} + m_{i+1} - m_{i+2}\right)\psi(m)\right\}$$

令 $m^* = (m_1^*, m_2^*, \cdots, m_n^*)$ 是该博弈的纳什均衡,定义 $p_i^* \equiv$

$\dfrac{1}{n}+m_{i+1}^{*}-m_{i+2}^{*}$，$x^{*}\equiv\psi(m^{*})$，$c_i^{*}\equiv p_i^{*}x^{*}$，我们现在证明在当前的经济环境下，分配$[p_i^{*}, x^{*}, c_i^{*}]$定义了一个纳什均衡。也就是说，它满足下面三个条件：(1) $\sum_{i=1}^{n}p_i^{*}=1$；(2) $\sum_{i=1}^{n}c_i^{*}=x^{*}$；(3) 对所有的 $i=1, 2, \cdots, n$，(x^{*}, c_i^{*})是下面最优化问题的解：

$$\max_{c_i, x} U_i(x, c_i) \quad \text{s.t.} \quad p_i^{*}x=c_i, c_i, x\geqslant 0。$$

通过纯粹的构造我们可以满足条件(1)。条件(2)是分配规则显示的加总可行性的直接推论，前面已作说明。最后条件(3)的讨论如下：

运用反证法，假设$[(p_i^{*})_{i=1}^{n}, x^{*}, (c_i^{*})_{i=1}^{n}]$没有定义一个林达尔(Lindahl)均衡。因此，对某个个体 i，存在另一个收益标准 $\tilde{x}\neq x^{*}$ 使得$U_i(\tilde{x}, p_i^{*}\tilde{x})>U_i(x^{*}, p_i^{*}x^{*})$。现在选择 $\tilde{m}_i=n\tilde{x}-\sum_{j\neq i}m_j^{*}$ 使得

$$U_i(\tilde{x}, p_i^{*}\tilde{x})=U_i\left\{\psi(\tilde{m}_i, m_{-i}^{*}), \left(\frac{1}{n}+m_{i+1}^{*}-m_{i+2}^{*}\right)\psi(\tilde{m}_i, m_{-i}^{*})\right\}。$$

那么不等式和假设 $m^{*}=(m_1^{*}, m_2^{*}, \cdots, m_n^{*})$定义了该博弈的纳什均衡矛盾。

现在只需证明纳什均衡 m^{*} 导致的结果是林达尔分配，那么它的有效性不过是一个众所周知的一般性结论的直接推论。而 Bowen-Lindahl-Samuelson 的条件就是要求 $\sum_{i=1}^{n}-\dfrac{\dfrac{\partial U_i(x^{*}, c_i^{*})}{\partial x}}{\dfrac{\partial U_i(x^{*}, c_i^{*})}{\partial c_i}}=1$。

因为对每个个体 i，(x^{*}, c_i^{*})是上面优化问题的解，因此，它满足一阶条件：

$$-\frac{\dfrac{\partial U_i(x^{*}, c_i^{*})}{\partial x}}{\dfrac{\partial U_i(x^{*}, c_i^{*})}{\partial c_i}}=p_i^{*}。$$

那么结合条件(1)，我们可以立刻得到：

$$\sum_{i=1}^{n} - \frac{\dfrac{\partial U_i(x^*, c_i^*)}{\partial x}}{\dfrac{\partial U_i(x^*, c_i^*)}{\partial c_i}} = \sum_{i=1}^{n} p_i^* = 1,$$

刚好满足 Bowen-Lindahl-Samuelson 条件。

6 结论与探讨

6.1 研究总结

中国农村经济的特点是农业人口庞大、以家庭为经营单位的农户独立而分散。我们发现，步入温饱阶段以后，我国不同地区现代农业的发展进程与市场环境关系密切。斯密定理指出，劳动分工受市场规模的限制。同样，农业改造绩效也受市场规模的限制。农民是否愿意放弃风险小收益稳定的传统农业生产、接受期望收益高但风险与不确定性大的新技术，不仅仅与经济作物本身的特点有关，市场价格和潜在的市场规模大小也对其有着决定性的影响。如何发挥政府和农村合作组织的补充作用、有效降低农户选择现代农业的风险和不确定性是农业得以持续发展的关键。

一些理论把农业价格预先给定当作分析的前提，把优化解与实际现象之间的矛盾归结到农民保守落后、风险厌恶等因素上，或者认为是制度因素造成的资源匹配问题。本书通过修改这一前提，引入更多的因素来重新思考我国农业改造的绩效问题。我们知道，一方面，自然风险与信息成本的存在使得农民无法对农产品的价格作出准确的预期；另一方面，农业生产调整存在成本与滞后性问题。我们注意到，一旦真实价格与期望价格之间出现几次较大落差而又没有长期有效的解决办法时，农民容易产生损失厌恶心理退回到传统农业生产中，这可能是"温饱陷阱"的一个成因。本书的第3章通过对我国农产品宏观数据和微观的案例分析验证了模型的这一结论。

扩大市场规模，降低价格风险是解决"温饱陷阱"的有效方法，但这不是单个家庭就可以做到的，地方政府和农民组织是重要的补充。本书的第4章和第5章分别讨论了它们的作用与稳定性问题。

我们通过实践观察发现，扩大市场规模问题的研究需要细分。在我国，农业发展逻辑往往是通过数量的扩张，形成规模经济效应或造就品牌效应。然而这两者之间并没有因果关系，数量的扩张不是造就规模经济和品牌效应的充分条件，数量的扩张只是扩大了生产的规模，属于供给层面的问题；规模经济或品牌效应是需求扩大带来的经济效果，而它才是影响价格的关键，因此销售是值得重视的问题。本书的第4章通过动态模拟说明了，如果不扩大产品销售的市场规模，除非对农产品的集中投资能改变市场定价规则，使其收益率远高于分散投资，否则"一乡一品"式（模仿日本）的集中投资难以被当地群众普遍接受。

其他国家的农业发展经验证明，农村合作组织是发展现代农业的重要制度供给。它可以成为解决销售问题的主体，还能避免中间商的剥削，是农户摆脱"温饱陷阱"的有效方式。但我国农村合作组织不仅规模不大，还很不稳定，这和农户的自由进退分不开。一般认为，中国农村合作经济组织的退出权是提高合作组织效率的重要保证。林毅夫运用囚徒困境证明了中国1959—1961年的饥荒与人民公社制度废除农民自由退出权有关。他认为，在人民公社化运动的初期，农民享有自愿退出农业合作社(初级社、高级社)的权利,使得合作社必须和“单干”的农户竞争劳动力意愿,从而保持了比较高的经济效率。但是废除了农民自由退出权以后,农户之间的合作关系变成了一次性的囚徒博弈。本书认为,合作社本身不一定只存在无效率的均衡,也可能存在有效率的均衡。于家庭联产承包制之下的农户形成的合作经济组织是存在有效率的均衡的(当然同时也存在无效率的均衡)。日本农协、以色列农庄都是合作经济成功的典型。

6.2 政策建议

我国地方政府作为发展现代农业的资金和技术支持的重要载体,尤其是其对技术公共品的提供,体现了公平的原则。但是普通农民对待现代农业生产往往容易出现“一哄而上、一哄而下”的盲目行为,这对整个地区的发展会造成非常不利的影响,收入的剧烈波动也容易打消农民对现代农业生产的积极性。地方政府提供适宜的营销网络的支持,搭建好普通农民和现代农业发展之间的平台,并与农户需求形成良好互动,对现代农业的发展尤为重要。

日本与美国在农业合作社方面的经验和我国现有农业合作组织的试验相结合,可以给我们提供如下改进的可能:

第一,农业合作组织的规模发展要以服务和销售为主导,而非以生产为主导,才能实现合作组织成立的初衷——发挥规模优势和实现风险分担。服务型合作社掌握的公共资源实际上是由社员组成的一个信息与信用的网络。例如,国外的服务型合作社,主要是提供各种原材料供应、市场销售,包括金融服务。它们可能会对社员产出的农产品进行统一加工、储藏,还会进行质量管理,建立品牌信誉。它们可以为社员购入各种农业机械设施,为社员节约单独购买的费用。它们还可以给社员提供各种信贷服务。这种网络在社员进入和退出时可以保持相当的灵活性，但是合作社对社员的退出也是有条件限制的，尤其是在成败未定的转折期，例如施加退出时段的限制。

第二，应当允许各种合作社与私人企业一起竞争，争夺市场份额，以鼓励组织创新。这样，农户可以在合作社服务与私人企业的服务之间自由选择，迫使合作社提高服务质量。以日本的农村金融为例，日本农户既可以从私营银行借贷，也可以从农村信用合作社借贷。这样就促进了农村金融业的竞争，改善了金融服务的质量。

第三，金融、保险、电力、医疗等组织服务的对象是农民，应当允许合作组织进入这些领域并由农民自己组织管理。他们比政府更了解当地的情况，可以提高效率，减少浪费。当然，地方政府对公共服务的支持、监管和指导也是必不可少的。以美国为例，美国幅员辽阔，广大的农村地区铺设电力网、通信网的成本很高，可是这类需求相对较小。商业的电力网络与通信网络运营公司没有动力到农村地区铺设网络。因此，美国通过法令鼓励农户成立电力或通信合作社，向美国政府有关部门申请贷款，建设电力网与通信网。这样就避免了政府直接投资运营农村地区的电力通信网络的麻烦和低效率，同时也调动了农民的积极性。日本的农协在这一方面表现得尤为明显，从很多方面看，农协提供的服务，如合作医疗、推广生产技术、开展教育文化活动等通常是政府提供的服务，从农协的盈利情况看，农协在生产技术推广方面的业务是亏本的。实际上农协是用它在其他方面，如金融、保险、合作购买销售等的收入来补贴生产技术推广这种具有公共品性质的服务。日本农协的架构也很“政府化”：其纵向架构从基础农协到全国联合组织，如全国农协中央会、全国供销联合总会、农林中央金库以及全国工作保险联合总会等，如同是几个政府职能部门及其下面的分支机构一般。日本的这种做法，相当于把一部分的政府公共职能，交给由农户自己组成、在治理上实现自治的农协来办理。

值得研究的是，日本的法律规定农协可以自办信用事业。日本农协自组建后就抓自己的金融系统，它以独立于商业银行的方式组织农协会员手中的剩余资金开展以农协会员为对象的信贷服务。其金融活动的主要特点是:不以营利为目的,旨在为农协全体成员服务;资金主要用于发展农业生产,提高农民生活水平;同国家的农业政策和金融政策密切配合。日本农协对资金的组织和信贷非常重视,要求农协会员将闲置资金存入自己的信用组合,如存入商业银行则视为背叛行为。为保证资金的顺利组织,农协狠抓资金的投放和信誉,保证用在农业生产和农民生活两大领域,确保信用工作真正成为会员办事的金融组织。我们可以鼓励某些地区参照日本的经验,摸索适合中国国情的模式。

6.3 研究的不足之处和未来的研究方向

由于本书的研究灵感来源于笔者 2005 年 9 月在广西恭城、邕宁进行的为期两周的调查采访和自 2006 年 6 月至今的为期三年多的安徽省凤阳县县长助理挂职经验。案例研究只能尽量做到真实,但某些细节仍然是无法获知的。是不是忽略掉了某些重要环节而导致研究有偏?数据有多大的误差,会不会影响结论?我经常拷问自己。另外,在众多错综复杂的事件中,本书是通过建模试图找出问题的一些共性和特点,就难以避免因为描述的角度不同而遗漏对一些事件的全貌描写,建模本身也抽象掉了很多细节,这对于研究而言,也是一种遗憾。但笔者已尽了最大的努力,只好等以后再修订了。

总体而言,花时间最多但也最薄弱的,是本书案例研究和数据分析部分。除了对凤阳的农业改造做了三年多的跟踪以外,其他地区的研究要么来自短期调研,要么来自阅读大量的文献。在微观数据收集上,也是因为样本量太小,而且时间太短,最终还是放弃了对这部分的分析。对于农业发展规划而言,三年多真的是一个很短的时间。在以后的研究中,这些都是需要改进的。另外,本书只是抽取了其中的三个角度进行分析,视角比较窄是为了使文章的逻辑分析紧密一些,这和我的经济学基本功不够有关。在研究中也常常因为陷入农业细节中而无法自拔，如何扩展自己的视野，将对农村具体问题的研究提高到新的层次，需要加强学习。

为了行为逻辑紧密，地方政府任期与农业发展的“时间匹配”问题、金融贷款、期货市场和保险的问题，都是曾经试图在文中进行讨论，但因为视角太多太杂又不得不放弃了，这些都是有趣而重要的问题，也是以后可以研究的方向。

参考文献

阿曼·阿尔钦、哈罗德·德穆塞茨:《生产、信息成本和经济组织》,盛洪主编《现代制度经济学(上下)》,北京大学出版社2003年版。

埃里克·霍布斯鲍姆:《史学家》,上海人民出版社2002年版。

蔡昉:《“工业反哺农业、城市支持农村”的经济学分析》,《中国农村经济》2006年第1期。

蔡昉:《健全社会保障公共服务体系,让农民摆脱“温饱陷阱”》,《城乡建设》2009年第3期。

陈剑波:《人民公社的产权制度——对排它性受到严格限制的产权体系所进行的制度分析》,《经济研究》1994年第7期。

陈平:《单一小农经济结构是我国长期动乱贫穷、闭关自守的病根》,《人民日报》1979年11月15日。

陈平:《文明分叉、经济混沌和演化经济动力学》,北京大学出版社2004年版。

陈锡文等:《中国农村如何突破“温饱陷阱”》,《中国经济周刊》2005年第47期。

陈锡文、韩俊:《农业、农村经济新发展阶段的体制创新》,中国信息网2002年5月。

陈锡文:《农民收入为何增长缓慢》,《农村、农业、农民》2004年第1期。

陈意新:《美国学者对中国近代农业经济的研究》,《中国经济史研究》2001年第1期。

陈志国、李惠茹:《价格对农业发展的弱波趋势》,《经济研究》1996年第2期。

慈鸿飞:《二十世纪前期华北地区的农村商品市场与资本市场》,《中国社会科学》1998年第1期。

德布拉吉·瑞:《发展经济学》,北京大学出版社2002年版。

董全海:《农产品价格与产量波动趋势之供求分析——兼与陈志国、李惠茹二同志商榷》,《经济研究》1996 年第 9 期。
杜润生:《杜润生自述:中国农村体制变革重大决策纪实》,人民出版社 2005 年版。
杜旭宇:《农民权益的缺失及其保护》,《农村经济问题》2003 年第 10 期。
恩格斯:《法德农民问题》,《马克思恩格斯选集》(第 4 卷),人民出版社 1995 年版。
樊纲:《我国农业的根本出路》,《兵团建设》2003 年第 6 期。
樊亢、戎殿新主编:《美国农业社会化服务体系——兼论农业合作社》,经济日报出版社 1994 年版。
范迪军、李华俊:《大学生新农村创业问题研究——基于“农业大包干发祥地”小岗村案例分析》,《经济学动态》2007 年第 8 期。
高志敏、许倩:《调整农业结构　增加农民收入》,《农村经济》2004 年第 3 期。
郭红东、蒋文华:《影响农户参与专业合作经济组织行为的因素分析——基于对浙江省农户的实证研究》,《中国农村经济》2004 年第 5 期。
洪锡良:《农村新型合作经济组织发展存在的问题及对策》,《农村经济》2005 年第 3 期。
侯建新:《国外小农经济研究主要流派评述》,《世界历史》1999 年第 1 期。
黄少安:《立足中国文化和现实创建“合作”的经济学》,《山东大学学报(哲社版)》1999 年第 3 期。
黄宗智:《长江三角洲小农家庭与乡村发展》,中华书局 2002 年版。
黄宗智:《华北的小农经济与社会变迁》,中华书局 2000 年版。
黄宗智:《中国的新时代小农场及其纵向一体化:龙头企业还是合作组织?》,《工作论文》2010 年 2 月。
黄宗智:《中国农村的过密化与现代化:规范认识危机及出路》,上海社会科学出版社 1992 年版。
孔祥智、郭艳芹:《现阶段农民合作经济组织的基本状况、组织管理及政府作用——23 省农民合作经济组织调查报告》,《农业经济问题》2006 年第 1 期。
李根蟠:《中国小农经济的起源及其早期形态》,《中国经济史研究》1998 年第 1 期。
李华俊、陈平:《风险发展环境下的困境、对策比较:安徽和广西农村个案》,《改革》2008 年第 10 期。
李华俊、范迪军:《新农村建设暨农村政策研讨会综述》,《经济学动态》2006 年第 11 期。
李华俊:《赵庄村民自治的故事》,《21 世纪教育》2006 年第 11—12 期。
李嘉图:《政治经济学及赋税原理》,华夏出版社 2005 年版。

李斯特:《政治经济学的国民体系》,商务印书馆1961年版。
林万龙:《家庭联产承包制的实施与农村社区公共产品供给制度变迁》,《中国农业大学经济管理学院博士学位论文》2000年。
林毅夫:《集体化与中国:1959—1961年的农业危机》,《政治经济学期刊》1990年1月。
刘加模:《理顺三大关系摆脱农村“温饱陷阱”》,《江苏农村经济》2007年第11期。
刘易斯:《劳动力无限供给条件下的经济发展》,《西方经济学名著导读》,中国经济出版社2005年版。
刘远新、赵海峰:《基于制度的农民增收机制思考》,《农村经济与科技》2007年第6期。
卢荣善:《解决中国“三农”问题的大思路:工业化重心下移到县域》,《中国农村经济》2005年第4期。
马克思、恩格斯:《马克思恩格斯选集》(第1卷),人民出版社1972年版。
马克思:《资本论》(第1卷),人民出版社1975年版。
马歇尔:《经济学原理》,商务印书馆2005年版。
迈克尔·P.托达罗、斯蒂芬·C.史密斯:《发展经济学》(第9版),机械工业出版社2009年版。
恰亚诺夫:《农民经济组织》,中央编译出版社1996年版。
曲凌夫:《加速农村城镇化建设是提高农民收入的根本出路》,《新西部(下半月)》2008年第2期。
热诺尔·罗兰:《转型与经济学》,北京大学出版社2002年版。
史建云:《近代华北平原自耕农初探》,《中国经济史研究》1994年第1期。
世界银行:《1986年世界发展报告》,牛津大学出版社1986年版。
孙浩杰:《农民专业合作经济组织生成与运行机制研究》,西北农林科技大学2008年博士论文。
孙自铎、汪建国:《农民收入增长的制度性约束与创新研究》,中国财政经济出版社2002年版。
滕锡尧:《农业产业化:农业现代化道路的新探索——山东省寿光市农业产业化实践调研报告》,《四川政报》2000年第5期。
魏旭:《农村社区准公共品供给制度诱致性变迁研究——以小型农田水利设施投资为例》,《中国人民大学农经系硕士学位论文》,2001年。
温铁军:《中国农村基本经济制度研究:“三农”问题的世纪反思》,中国经济出版社2000年版。
吴承明等:《“传统经济的再评价”笔谈》,《 中国经济史研究》2003年第1期。
吴承明:《中国近代经济史若干问题的思考》,《中国经济史研究》1988年第

2 期。
吴敬琏:《农村剩余劳动力转移与“三农”问题》,《宏观经济研究》2002 年第 6 期。
吴晓波:《激荡三十年:中国企业 1870—1977》,中信出版社 2009 年版。
西奥多·W.舒尔茨:《改造传统农业》,商务印书馆 1987 年版。
夏明芳:《发展的幻象——近代华北农村农户收入状况与农民生活水平辨析》,《近代史研究》2002 年第 2 期。
《新帕尔格雷夫经济学大辞典》(第 3 卷),经济科学出版社 1996 年版。
徐小青:《中国农村公共服务》,中国发展出版社 2002 年版。
亚当·斯密:《国民财富的性质和原因的研究》,商务印书馆 2009 年版。
杨思远:《改造小农经济》,《三农中国》,2007 年季刊。
苑鹏、李人庆:《影响农业技术变迁和农民接受新技术的制度性障碍分析》,2006 年。
张培刚、廖丹清:《二十世纪中国粮食经济》,华中科技大学出版社 2002 年版。
张晓山:《联结农户与市场:中国农民中介组织探究》,中国社会科学出版社 2002 年版。
张新光:《论马克思小农经济理论的现实意义》,《现代经济探讨》2008 年第 3 期。
章政:《现代日本农协》,中国农业出版社 1998 年版。
赵海东:《中国农民陷入温饱陷阱的原因与出路——破解“三农”问题的一种视角》,《农业现代化研究》2007 年 9 月。
赵美玲:《农业经济结构的战略性调整是增加农民收入的根本途径》,《广西社会科学》2001 年第 5 期。
赵珍:《发展中小企业与扩大就业》,《理论探索》2008 年第 1 期。
郑启东:《近代华北的农业发展和农民生活》,《中国经济史研究》2000 年第 1 期。
周其仁:《产权与制度变迁:中国改革的经验研究》(增订本),北京大学出版社 2004 年版。
周其仁、杜鹰、邱继成:《发展的主题——中国国民经济结构的变革》,四川人民出版社 1987 年版。
祝福恩、李世红:《城镇化——中国农村发展的根本出路》,《中国党政干部论坛》2003 年第 4 期。
Adelman, Irma, 1961, *Theories of Economic Growth and Development*, Stanford, CA: Stanford University Press.
Ainslie, George, 1992, “Picoeconomics”, Cambridge: Cambridge University Press.

Alchain, Armen A. and Harold Demsetz, 1972, "Production, Information Costs, and Economic Organization", *The American Economic Review*, Vol.62:777—795.

Arrow, J., 1973, Information and Economic Behavior, Stockholm: Federation of Swedish Industries.

Bain, John, 1959, Industrial Organization, New York: John Wiley.

Binmore, K. and Samuelson L., 1999, "Equilibrium Selection and Evolutionary Drift", *Review of Economic Studies*.

Bober, M. M., 1948, *Karl Marx's Interpretation of History*, Cambridge: Harvard University Press.

Boeke, J.H., 1953, Economics and Economic Policy of Dual Societies, as Exemplified by Indonesia, New York: Institute of Pacific Relations.

Bowles, Samuel and Herbert Ginits, 2002, "Social Capital and Community Governance", *Economic Journal*, 112(483).

Brandt, Loren, 1989, Commercialization and Agricultural Development in East-Central China, 1870—1937, Cambridge: Cambridge University Press.

Chow, G., 2002, *China's Economic Transformation*, Oxford: Blackwell Publishers Ltd., UK.

Coase, Ronald, 1937, "The Nature of the Firm", *Economica*, Vol.4. No.16: 386—405.

Crawford, Vincent P., 1995, "Adaptive Dynamics in Cordination Games", *Econometrica*, Vol.63(1):103—143.

Crawford, Vincent P. and H.Haller, 1990, "Learning How to Cooperate: Optimal Play in Repeated Coordination Games", *Econometrica*, 58(3): 571—595.

D'Aveni, R., et al., 1994, *Hypercompetion-Managing the Dynamics of Strategic Maneuvering*, The Free Press: New York.

David, Faure, 1989, The Rural Economy of Pre-liberation China, Hong Kong: Oxford University Press.

Dovring, Folke, 1959, "The Share of Agriculture in a Growing Population", Monthly Bulletin of Agricultural Economics and Statistics, Vol.8.

Drazen, A. and Z. Eckstein, 1988, "On the Organization of Rural Markets and the Process of Economic Development," *American Economic Review*, Vol. 78:431—443.

Ellis, F., 1998, "Peasant Economics", Cambridge: Cambridge University Press.

Fafchamps, M., 2003, Rural Poverty, Risk and Development. *Northampton*, Mass.: Elgar.

Fei, John C.H. and Gustav Ranis, 1964, *Development of the Labor Surplus Economy: Theory and Policy*, Homewood, IL: Richard A. Irwin, Inc.

Foland, Francis M., 1974, "Agrarian Unrest in Asia and Latin America", *World Development*, 2:55—61.

Freebairn, Donald K., 1995, "Did the Green Revolution Concentrate Incomes? A Quantitative Study of Research Reports", *World Development*, 23: 265—279.

Friedman, D., 1991, "Evolutionary Games in Economics", *Econometrica*, 59: 637—666.

Furtado, Celso, 1970, Economic Development in Latin America. New York: Cambridge University Press.

Griffin, Keith, 1974, The Political Economy of Agrarian Change. London: Macmillan.

Harris, J.R. and Todaro M.P., 1970, "Migration, Unemployment and Development: A Two-Sector Analysis", *American Economic Review*, 60(1): 126—142.

Harsanyi, J.R. and R. Selten, 1988, *A General Theory of Equilibrium Selection in Games*, Cambridge: The MIT Press.

Hayami, Yujiro and Vernon Ruttan, 1985, *Agriculture Development: An International Perspective*, Baltimore: John Hopkins University Press.

Higgins, B. H., 1968, Economic Development and Regional Disparities: A Comparative Study of Four Federations, Canberra: The Australian National University.

Hirschman, A.O., 1958, "The Strategy of Economic Development", New Haven: Yale University Press, 50(199):1331—1424.

Holmstrom, Bengt, 1982, "Moral Hazard in Teams", *The Bell Journal of Economics*, Vol.13, No.2:324—340.

Hopper, W.D., 1961, "The Role of Agriculture in the World Economy", *Journal of Farm Economics* 43.

Hopper, W.D., 1965, "Allocation Efficiency in a Traditional Indian Agriculture", *Journal of Farm Economics*, 47:611—624.

Hurry, D., 1994, "Shadow Options and Global Exploration Strategies", *Advances in Strategic Management*, 10:229—247.

Imai, M., 1986., *Kaizen: The Key to Japan's Competitive Success*, Random

House：New York.

Janvry，AD. and Elisabeth Sadoulet，1992，"Structual Adjustment Under Transaction Costs"，paper presented at the 29th Conference of the European Association of Agriculture Economists，September.

Janvry，AD.，Marcel Fafchamps and Elisabeth Sadoulet，1991，"Peasant Household Behavior with Missing Markets：Some Paradoxes Explained"，*Economic Journal*，101:1400—1417.

Johnston，B.F. and Kilby，P.，1975，Agriculture and Structural Transformation：Economic Strateges in Late-Developing Countries. New York：Oxford Universtiy Press.

Jorgenson，D.W.，1961，"The Development of a Dual Economy"，*The Economic Journal*，Vol.71，No.282:309—334.

Jorgenson，D.W.，1967，"Surplus Agricultural Labor and the Development of a Dual Economy"，*Oxford Economic Papers*，Vol.19，No.3:288—312.

Kahneman，Daniel and Amos Tversky，1979，"Prospect Thoery：An Analysis of Decision under Risk"，*Econometrica*，Vol.47:263—291.

Kapp，K. W.，1963，Hindu Culture，Economic Development and Economic Planning in India：a Collection of Essays，Asia Pub. House，Bombay.

Lewis，W.A.，1954，"Economic Development with Unlimited Supplies of Labor"，*Manchester School of Economic and Social Studies*，Vol. 22：139—191.

Mailath，G.J.，1992，"Introduction：Symposium on Evolutionary Game Theory"，*Journal of Economic Theory*，57:259—277.

Manning，Chris，1988，"Rural Employment Creation in Java：Lessons from the Green Revolution and Oil Boom"，*Population and Development Review*，14.

Marshall，Alfred，1920，*Principles of Economics*，London：Macmillan and Co.，Ltd.

Myint，Hla，1958，"The Classical Theory of International Trade and Underdeveloped Countries"，*Economic Journal*，68:317.

Myrdal，G.，1957，*Economic Theory and Underdeveloped Regions*，Duckworth Press.

Nelson，R.R. and Sidney G.Winter，1982，*An Evolutionary Theory of Economic Change*，Cambridge：The Bleknap Press.

North，D.，1990，*Institutions*，*Institutional Change and Economic Performance*，Cambridge：Cambridge University Press.

Ostrom, Elinor, 1990, *Governing the Commons: The Evolution of Institutions for Collective Action*, Cambridge: Cambridge University Press.

Otsuka, Keijiro, Hiroyuki Chuma and Yujiro Hayami, 1992, "Land and Labor Contracts in Agrarian Economies: Theories and Facts," *Journal of Economic Literature*, 30.

Ouchi, William, 1980, "Markets, Bureaucracies and Clans", *Administrative Science Quarterly*, 25:129—141.

Parayre, Roch and Dileep Hurry, 2001, "Corporate Investment and Strategic Stability in Hypercompetition", *Managerial and Decision Economics*, Vol.22:281—298.

Polanyi, K., 1957, *The Great Transformation*, Boston: Beacon press.

Pomeranz, K., 2000, *The Great Divergence: China, Europe, and the Making of Modern World Economy*, Princeton: Princeton University Press.

Popkin, L., 1979, *The Rational Peasant: The Political Economy of Rural Society in Vietnam*, Berkeley: University of California Press.

Prebisch, Raul, 1950, "The Economic Development of Latin America and Its Principal Problems", New York: United Nations.

Ranis, Gustav and John C. H. Fei, 1961, "A Theory of Economic Development", *American Economic Review*, 51:533—558.

Ranis, Gustav and John C. H. Fei, 1964, "Development of the Labor Surplus Economy: Theory and Policy", *Economic Journal*, 77(306):480—482.

Rawski, Thomas G., 1989, *Economic Growth in Prewar China*, Berkeley: University of California Press.

Rosenstein-Rodan, Paul N., 1943, "Problems of Industrialization of Eastern and South-Eastern Europe", *Economic Journal*, 53, 210/211:202—211.

Rostow, W. W., 1953, The Process of Economic Growth. Oxford: Clarendon Press.

Schultz, T. W., 1964, *Transforming Traditional Agricultre*, New Haven: Yale University Press.

Scott, James C., 1977, *The Moral Economy of the Peasant: Rebellion and Subsistence in South-East Asia*, New Haven: Yale University Press.

Singer, Hans, 1950, "The Distribution of Gains between Investing and Borrowing Countres", *Amercan Economic Review*, 40:473—485.

Smith, Adam, 1976, *An Inquiry into the Nature and Causes of the Wealth of Nations*, New York: Oxford University Press.

Taylor, Michael, 1987, *The Possibility of Cooperation*, Cambridge:

Cambridge University Press.

Tennbakk, B., 1995, "Marketing Cooperatives in Mixed Duopolies", *Journal of Agriculture Economics*. 46(1):33—45.

Tribe, Keith, 1978, Land, Labour and Economic Discourse, London, Boston: Routledge & K. Paul.

Van Arkadie, Brian, 1989, "The Role of Institutions in Development," Proceedings of the World Bank Annual Conference on Development Economics, Washington, D.C.: World Bank.

Von Neumann, J. and O.Morgenstern, 1953, *Theory of Games and Economic Behavior*, Princeton University Press.

Weitz, Raanan, 1971, "From Peasant to Farmer: A Revolutionary Strategy for Development", New York: Columbia University Press.

Wharton, C.R., 1969, "Risk, Uncertainty and the Subsistence Farmer," *Development Digest* 7.

Williamson, Oliver E., 1975, *Markets and Hierarchies: Analysis and Antitrust Implications*, New York: Free Press.

Williamson, Oliver E., 1985, *The Economic Institutions of Capitalism*, New York: Free Press.

Wong, R.B., 1992, "Chinese Economic History and Development: A Note on the Myers-Huang Exchange", *Journal of Asian Studies*.

Yoshino, Michael Y. and U. Srinivasa Rangan, 1995, "Strategic Alliances: An Entrepreneurial Approach to Globalization", *Harvard Business School Press*, Boston Massachuetts.

Yudelman, Montague, et al., 1971, *Technological Change in Agriculture and Employment in Developing Countries*, Paris: Organization for Economic Cooperation and Development.

Zeuli, Kimberly, 2003, "The Evolution of the Cooperative Model", chapter in "Cooperative and Local Development: Theory and Applications for 21st Century", Edited by Christopher D. Merrett and Norman Walzer, M. E. Sharpe.

Zimmerman, Frederick and Carter, Michael R., 2003, "Asset Smoothing, Comsuption Smoothing, and the Reproduction of Inequality under Risk and Subsistence Constrains", *Journal of Development Economics* 71.

图书在版编目(CIP)数据

从温饱陷阱到可持续发展/李华俊著.—上海：
格致出版社：上海人民出版社，2018.8
(当代经济学系列丛书/陈昕主编.当代经济学文库)
ISBN 978-7-5432-2769-9

Ⅰ.①从… Ⅱ.①李… Ⅲ.①农业改革-研究-中国
②农业发展-研究-中国 Ⅳ.①F32

中国版本图书馆 CIP 数据核字(2018)第 082568 号

责任编辑 郑竹青
装帧设计 王晓阳

从温饱陷阱到可持续发展
李华俊 著

出　　版 格致出版社
上海三联书店
上海人民出版社
(200001　上海福建中路 193 号)
发　　行 上海人民出版社发行中心
印　　刷 苏州望电印刷有限公司
开　　本 787×1092　1/16
印　　张 10
插　　页 3
字　　数 130,000
版　　次 2018 年 8 月第 1 版
印　　次 2018 年 8 月第 1 次印刷
ISBN 978-7-5432-2769-9/F·1110
定　　价 45.00 元

当代经济学文库

从温饱陷阱到可持续发展/李华俊著
中国经济学大纲：中国特色社会主义政治经济学分析/肖林　权衡等著
中国：增长放缓之谜/周天勇　王元地著
中国居民收入分配通论：由贫穷迈向共同富裕的中国道路与经验/陈宗胜等著
转型中的地方政府：官员激励与治理（第二版）/周黎安著
威权体制的运行分析：政治博弈、经济绩效与制度变迁/郭广珍著
经济体制效率分析导论/刘世锦著
"双轨制"经济学：中国的经济改革（1978—1992）/张军著
新供给经济学：供给侧结构性改革与持续增长/肖林著
权力结构、政治激励和经济增长/章奇　刘明兴著
区域经济学原理（第二版）/郝寿义著
作为制度创新过程的经济改革/姚洋著
企业的企业家—契约理论/张维迎著
融资管理与风险价值（增订版）/肖林著
中国垄断产业的规制放松与重建/白让让著
体制转轨中的增长、绩效与产业组织变化/江小涓等著
市场秩序和规范/洪银兴著
现代三大经济理论体系的比较与综合/樊纲著
国际竞争论/陈琦伟著
社会主义微观经济均衡论/潘振民　罗首初著
经济发展中的收入分配（修订版）/陈宗胜著
中国的奇迹：发展战略与经济改革（增订版）/林毅夫著
制度、技术与中国农业发展/林毅夫著
充分信息与国有企业改革/林毅夫　蔡昉　李周著
以工代赈与缓解贫困/朱玲　蒋中一著
国际贸易与国际投资中的利益分配/王新奎著
中国资金流动分析/贝多广著
低效率经济学/胡汝银著
社会主义经济通货膨胀导论/史晋川著
现代经济增长中的结构效应/周振华著
经济转轨时期的产业政策/江小涓著
失业经济学/袁志刚著
国际收支论/周八骏著
社会主义宏观经济分析/符钢战　史正富　金重仁著
财政补贴经济分析/李扬著
汇率论/张志超著
服务经济发展：中国经济大变局之趋势/周振华著
长期经济增长中的公共支出研究/金戈著
公平与集体行动的逻辑/夏纪军著
国有企业的双重效率损失与经济增长/刘瑞明著
产业规制的主体行为及其效应/何大安著
中国的农地制度、农地流转和农地投资/黄季焜著
宏观经济结构研究：理论、方法与实证/任泽平著

技术进步、结构变化和经济增长/陈体标著
解析中国：基于讨价还价博弈的渐进改革逻辑/童乙伦著
货币政策与财政政策协调配合：理论与中国经验/王旭祥著
大国综合优势/欧阳峣著
国际贸易与产业集聚的互动机制研究/钱学锋著
中国式分权、内生的财政政策与宏观经济稳定：理论与实证/方红生著
中国经济现代化透视：经验与未来/胡书东著
从狭义价值论到广义价值论/蔡继明著
大转型：互联的关系型合约理论与中国奇迹/王永钦著
收入和财富分配不平等：动态视角/王弟海著
制度、治理与会计：基于中国制度背景的实证会计研究/李增泉　孙铮著
自由意志下的集团选择：集体利益及其实现的经济理论/曾军平著
教育、收入增长与收入差距：中国农村的经验分析/邓曲恒著
健康需求与医疗保障制度建设：对中国农村的研究/封进著
市场的本质：人类行为的视角与方法/朱海就著
产业集聚与中国地区差距研究/范剑勇著
中国区域经济发展中的市场整合与工业集聚/陆铭　陈钊著
经济发展与收入不平等：方法和证据/万广华著
选择行为的理性与非理性融合/何大安著
边缘性进入与二元管制放松/白让让著
公有制宏观经济理论大纲/樊纲著
非瓦尔拉均衡理论及其在中国经济中的应用/袁志刚著
中国的过渡经济学/盛洪主编
分工与交易/盛洪编著
中国的工业改革与经济增长：问题与解释/张军著
货币政策与经济增长/武剑著
经济发展中的中央与地方关系/胡书东著
劳动与资本双重过剩下的经济发展/王检贵著
国际区域产业结构分析导论/汪斌著
信息化与产业融合/周振华著
企业的进入退出与产业组织政策/杨蕙馨著
中国转轨过程中的产权和市场/刘小玄著
企业的产权分析/费方域著
经济转轨中的企业重构：产权改革与放松管制/陈钊著
企业剩余索取权：分享安排与剩余计量/谢德仁著
水权解释/王亚华著
劳动力流动的政治经济学/蔡昉等著
工资和就业的议价理论：对中国二元就业体制的效率考察/陆铭著
居民资产与消费选择行为分析/臧旭恒著
中国消费函数分析/臧旭恒著
中国经济转型时期信贷配给问题研究/文远华著
信贷紧缩、银行重组与金融发展/钱小安著
投资运行机理分析引论/何大安著
偏好、信念、信息与证券价格/张圣平著
金融发展的路径依赖与金融自由化/彭兴韵著